Scegliere
la Buona
Salute

Fisica - Mentale - Spirituale

Paska Pulita

STRUMENTI SPIRITUALI
PER UNA VITA SANA

La scienza conferma.

Scegliere la Buona Salute

Indice degli argomenti:

SCEGLIERE

LA BUONA SALUTE

(fisica – mentale – spirituale

Libero Ricercatore

Pasquale Pulitanò

(OWN- EDIT . 2015)

*

Indirizzo autore: pc.cesare1@gmail.com

Stampato da "farsiunlibro.it"

*

Ringrazio i Maestri del passato e quelli del presente che cercano sinceramente di aiutare l'umanità alla guarigione olistica e al Risveglio Spirituale

*

Introduzione

*

Quando ci chiediamo che cosa bisogna che noi facciamo, dobbiamo fare ciò con animo completo e con riflessione, poiché ciascuno deve cercare la propria strada. Dapprima però bisogna stabilire chi siamo e chi vogliamo essere e in che genere di vita; questa decisione però è la più difficile di tutte. (Cicerone)

L'uomo deve scegliere. In questo sta la sua forza: il potere delle sue decisioni. (Paulo Coelho)

Non può esserci libertà senza scelta. (Jan-Paul Sartre)

*

Scegliere è difficile! E ancora di più uno stile di vita sana: la salute, la libertà e la salvezza, che hanno in fondo lo stesso significato, lo stesso valore e la stessa Virtù. Ma si può scegliere di stare in buona salute? Secondo gli antichi Saggi e molti scienziati moderni si può scegliere, e anche decidere, di stare in buona salute.

E' comune a tutti il detto che "la salute è la cosa più importante", ma poi in pratica non è così, la scelta cade su altre cose: il lavoro, il denaro, il potere, il sesso, il divertimento e altri infiniti desideri. Scegliere la buona salute non significa metterla al primo posto, ma significa invece sceglierla a discapito di tutte queste cose.

La buona salute si può dire veramente tale quando è buona in tutti i tre livelli dell'essere: fisica, mentale e spirituale. Ma non è la buona salute fisica a determinare la salute mentale, e quella mentale a favorire la salute spirituale. Al contrario, è la Salute Spirituale che favorisce la buona salute mentale e di conseguenza quella fisica.

La salute Spirituale

Per la buona Salute Spirituale occorre prima di tutto dissolvere l'ignoranza. Ma vediamo che cos'è l'Ignoranza come insegnato dagli antichi Maestri.

"L'Ignoranza (Avidya) consiste nella concezione errata che porta a credere all'esistenza di ciò che non esiste. A causa di "Avidya" l'uomo ritiene che la creazione fisica sia la sola cosa ad avere un'esistenza reale, e che al di la di questa non esiste nient'altro. Dimentica che la creazione fisica, in realtà, è soltanto un gioco di idee in seno allo Spirito Eterno, l'unica Sostanza Reale che trascende la comprensione della creazione materiale. L'Ignoranza non è soltanto un male in se stessa, ma è anche l'origine di tutti i mali dell'uomo. ("La scienza sacra" di Swami Sri Yukteswar, 1855-1936).

Che Dio è Spirito lo aveva già detto chiaramente Gesù nell'incontro con la donna samaritana: *"Iddio è Spirito, e quelli che l'adorano, bisogna che l'adorino in spirito e verità"* (Gv.4/24). E ancora secoli prima tra gli altri (grandi profeti e filosofi) anche il Re Davide lo aveva intuito nelle sue meditazioni: *" Dove me ne andrò lungi dal tuo Spirito? - e dove fuggirò dal tuo cospetto? - Se salgo in cielo tu vi sei; - se mi metto a giacere nel soggiorno dei morti, eccoti quivi. Se prendo le ali dell'alba e vado a dimorare all'estremità del mare, anche qui mi condurrà la tua mano, e la tua destra mi afferrerà. Se dico: certo le tenebri mi nasconderanno e la luce diventerà notte intorno a me, le tenebri stesse non possono nasconderti nulla, e la notte risplende come il giorno; le tenebri e la luce sono tutt'uno per te.* (Salmo 139/7 in poi).

Come seconda cosa è necessario praticare la <u>devozione</u>, devozione a Dio (Spirito Eterno) fonte della vita, devozione a un Maestro spirituale, a un Santo, e soprattutto a Gesù Cristo (l'incarnazione divina, l'Avatar per eccellenza).

La <u>devozione</u> è una pratica spirituale (e religiosa) che può assumere diversi aspetti: dono, omaggio, fede, lode..; nel cristianesimo, come nello <u>Bhakti Yoga</u>, *<u>è l'unione con Gesù e quindi con Dio attraverso un intenso amore e profonda devozione</u>*. Anche nell'insegnamento di Gesù possiamo riassumere che la pratica della <u>devozione</u> è una delle tre componenti principali della comunione con Dio: <u>devozione</u>, <u>preghiera</u> e <u>meditazione</u>.

Riguardo alla "pratica spirituale" nella Bhagavad Gita (il Canto del Signore) c'è scritto: *"Anche una minuscola parte di questo dharma (pratica spirituale) protegge l'uomo dalla grande paura" (Vers.40).*

La pratica spirituale rimette al suo posto il nostro piccolo "se" (ego) favorendo la crescita dell'Anima (il grande Sè).

La salute mentale

La pratica spirituale, in modo particolare la meditazione, ci dona una mente calma e pulita, per essere consapevoli di cosa stiamo pensando, di cosa stiamo dicendo e di cosa stiamo facendo; ci aiuta ad essere consapevoli e coerenti, a non avere molti desideri, a bastare a noi stessi.

La salute fisica - Con la buona salute spirituale e mentale, liberi dalle ansie e dallo stress, possiamo pensare alla salute fisica con adeguati esercizi come per esempio: "I 5 Riti (esercizi) Tibetani", o altri esercizi appropriati; possiamo praticare il rilassamento del corpo con la "posizione in savasana" (distesa) o altre tecniche; possiamo adottare una corretta alimentazione (naturale o vegetariana), la dieta mediterranea ecc... E, soprattutto, siamo liberi per praticare un corretto uso del corpo: corretto lavoro, corretto riposo, corretto sonno, corretto svago, corretto sesso (preferibilmente nel matrimonio, e comunque nell'affetto e nell'amore vero). Ma vediamo brevemente cosa intendiamo per corretto: - il lavoro deve essere prima di tutto onesto qualunque esso sia, poi dovrebbe essere anche piacevole e gratificante, ma quando non ci sono le condizioni, bisogna fare qualunque lavoro per sostenersi onestamente; - per il corretto riposo e corretto sonno è opportuno rispettare i giorni festivi approfittando per riposarsi e svagarsi, la sera non indugiare davanti alla televisione, ma andare a dormire presto sapendo che si ha bisogno di 7/8 ore di sonno; - il corretto svago o il divertimento deve essere di tipo sportivo e sano, no ai giochi d'azzardo, agli sballi e alle ubriacature ecc...; - il corretto sesso si svolge nel matrimonio, nell'amore vero, nei tempi e modi naturali.

*

"La spiritualità favorisce la salute mentale"
(da un articolo apparso sulla Stampa)

I ricercatori statunitensi dell'Università del Missouri hanno inteso valutare per mezzo di tre indagini quale fosse il nesso tra il livello di spiritualità e la salute fisica e mentale, indagando tra i fedeli cattolici, protestanti, ebrei, musulmani, buddisti. I risultati dello studio sono poi stati pubblicati sullo Journal of Religion and Health e mostrano come un maggiore grado si spiritualità fosse associato a più bassi livelli di nevrosi e maggiore predisposizione ai rapporti sociali ed estroversione. Tra tutti, la pratica del perdono, è risultata la maggiore fonte predittiva di salute mentale.

Anche se lo studio non abbia dimostrato un rapporto di causa-effetto tra la religiosità e la salute mentale, i risultati mostrano come le persone spirituali siano meno stressate e reagiscano meglio anche alle malattie fisiche.

Dal sito: La casa del Tibet (RE)

"Se vuoi guarire il tuo corpo devi prima guarire la tua...Anima". (Platone)

La parola "medicina" e la parola "meditazione" hanno la stessa radice. Medicina significa *"ciò che guarisce il corpo"*, mentre meditazione significa *"ciò che guarisce lo spirito"*. Entrambi sono poteri curativi. La meditazione ci permette di essere integri, di sentirci appagati e ci porta in uno stato profondo all'interno di noi stessi in cui non manca nulla. Questa antica tecnica ci permette di essere continuamente all'erta, consci e consapevoli in tutto ciò che facciamo, rimanendo testimoni del momento presente senza perderci.

La meditazione ci aiuta ad essere sani: essere sani nella consapevolezza, che vuol dire essere svegli; essere in armonia; essere estatici; essere compassionevoli.

Nella meditazione il corpo e la mente si trasformano e la nostra personale ricchezza interiore affiora.

Buona salute a tutti!

*

LA MEDITAZIONE
(How to meditate)

In questa immensa creazione (universo) siamo solo un granello. Ognuno di noi è alla ricerca di buona salute, vera pace, vera conoscenza, prosperità ed armonia. Siamo alla ricerca di una vita felice e serena in tutti i momenti e situazioni. Da sempre, in tutti i modi ogni persona tenta di raggiungere questo stato, ma la domanda è: si può raggiungere davvero!? Si! Si può raggiungere. Tutto questo è possibile solo se comprendiamo l'Energia COSMICA e la CONOSCENZA del SE' (conoscenza dell'Essere).

L'Energia Cosmica esiste dappertutto, è il legame tra le galassie, tra i pianeti, tra le molecole, tra gli atomi; è lo spazio tra ognuno e tutto; è il legame che tiene il Cosmo intero in ordine.LA MEDITAZIONE Questa EC è essenziale per mantenere l'ordine nella nostra vita per espandere la nostra consapevolezza. L' EC è anche alla base di tutte le nostre azioni e funzioni vitali. Noi, come tutti gli esseri viventi, riceviamo una certa quantità di questa EC durante il sonno profondo (quando si dorme bene) in totale silenzio; usiamo questa energia ogni giorno per le attività della nostra mente: come vedere, parlare, ascoltare, pensare e per tutte le azioni del nostro corpo. Questa Energia limitata, acquisita ne sonno, non è quasi mai sufficiente per tutte queste attività. E' per questo che ci sentiamo esausti, stanchi, ansiosi e stressati; ciò è legato allo stress mentale e fisico e a tutti i tipi di malattie. L'unico modo per evitare tutto ciò è cercare di assorbire una maggiore quantità di EC – L' EC è essenziale per mantenere Ordine nella nostra vita, per condurre una vita sana e felice, per lasciarci coinvolgere totalmente in tutte le situazioni, per ottenere la conoscenza ed infine, per l'espansione della nostra coscienza.

- Il sonno, possiamo dire, è meditazione non cosciente, mentre la meditazione è un sonno cosciente. – Durante il sonno riceviamo E C limitata; mentre durante la Meditazione si ottiene abbondante E C. -

Con questa Energia potenziata mediante la meditazione, saremo rilassati, sani e felici; questo è anche un aiuto per raggiungere uno stato di coscienza più elevato, ed anche per ottenere maggiori soddisfazioni nel mondo fisico.

La meditazione non è altro che un viaggio nella nostra coscienza verso il proprio sé: nella meditazione facciamo consapevolmente un viaggio dal corpo alla mente, dalla mente all'intelletto, dall'intelletto al Sé, e oltre.

(Da You Tube: "How to meditate" - D. Chopra).

*

Per fare meditazione in primo luogo dobbiamo fermare tutto, tutte le funzioni del nostro corpo e della nostra mente, cioè: i movimenti del corpo, vedere, parlare e pensare, non è difficile.

Meditare è facile! - Per meditare non è indispensabile seguire prima dei corsi a pagamento di filosofia indiana o di religione, per meditare occorre soltanto la volontà di farlo ed iniziare a farlo. Per imparare a meditare occorre soltanto meditare! Come ha detto un grande yogi: *"facendo, facendo è fatto!"* . Anche nella cultura occidentale troviamo una frase simile *"repetita iuvant*, tradotta letteralmente, significa *"le cose ripetute giovano"*. Tutto il resto viene da solo.

La tecnica - Questa tecnica di meditazione è assolutamente laica: non è necessario cioè aderire a qualche credo religioso o essere iniziati da un guru ecc..). Penso sia giusto però dire che per avere i migliori effetti positivi sulla nostra salute (*fisica, mentale e spirituale*) occorre osservare con onestà intellettuale i minimi precetti morali che si possono riassumere con: *"Non fare agli altri quello che non vogliamo essere fatto a noi". o meglio: "Fai agli altri quello che vorresti essere fatto a tè"*. Anche se, per la verità, questo modo di agire si raggiunge spontaneamente con la pratica della meditazione.

Ora impariamo come fare meditazione:

La posizione - la prima cosa importante è la posizione, possiamo sederci in qualunque modo; l'importante è che la posizione sia confortevole e stabile, possiamo meditare seduti sul pavimento (seduti su un cuscino, con altri due cuscini che ci sostengono le ginocchia quando incrociamo le gambe), oppure su una sedia. Oppure sdraiati, come dirò più avanti.

Il posto – la seconda cosa è il posto, possiamo meditare in qualunque posto che sia per noi tranquillo e confortevole.

Esecuzione: - Ci sediamo comodamente, incrociando le gambe e le dita delle mani, chiudiamo gli occhi. Senza pronunciare nessun mantra o preghiera, ci rilassiamo, ad ogni espirazione lasciamo cadere le tensioni muscolari, lasciamo andare ogni pensiero, ci rilassiamo totalmente. Una volta rilassati osserviamo il nostro respiro, cercando di concentrarci su un punto tre dita sotto l'ombelico. - Incrociando le gambe e le dita delle mani favoriamo una migliore circolazione dell'energia che ci da una maggiore stabilità;

- Gli occhi sono la porta della mente per questo è meglio meditare ad occhi chiusi, così si diminuisce, fino a fermarla, ogni attività della mente;

- Quando il corpo si rilassa, la coscienza migra alla zona successiva, mente e intelletto: la mente è un insieme di pensieri, ci sono numerosi e differenti pensieri che giungono continuamente nella mente, e quando ci sono pensieri nella mente sorgono molte domande conosciute o sconosciute, perciò per trascendere la mente bisogna osservare il respiro;

- L'osservazione del respiro è la natura del Sé, per questo si deve essere testimoni del respiro;

(N.B.: Incrociare le gambe e le mani non è essenziale per noi occidentali se non stiamo comodi e confortevoli. Ci possiamo sedere comodamente su una sedia e poggiare le mani sulle gambe con le palme rivolte verso l'alto.)

Non dobbiamo fare una respirazione volontaria, non dobbiamo inspirare ed espirare coscientemente (non dobbiamo forzare la respirazione), dobbiamo lasciare che l'inspirazione e l'espirazione sia automatica: dobbiamo osservare solamente la normale (spontanea) respirazione. Questa è la chiave, questa è la via della meditazione.

Quando arrivano i pensieri non dobbiamo scacciarli con la forza, ma torniamo gentilmente all'osservazione del respiro. Dobbiamo cercare di essere tutt'uno col nostro respiro. (Consapevolezza)

A questo punto la densità dei pensieri si riduce, il respiro diventa più sottile e sciolto. Piano, piano, il respiro diviene sempre più sottile e corto fino a ridursi come un flasch nel punto tra le sopracciglia, a questo stadio della meditazione non c'è più la sensazione del respiro ne pensieri (saremo senza pensieri). Questo stadio della meditazione si chiama stato normale o senza pensieri: questo è lo stato della meditazione –

E' in questo stato che riceviamo una doccia di energia cosmica. Più a lungo restiamo in questo stato maggiore è l'energia cosmica che riceviamo. All'inizio questo stato può durare qualche secondo, ma i benefici ci sono lo stesso e sono abbondanti.

*

La Meditazione in savasana (posizione distesa)

La posizione distesa nell'Hatha yoga viene insegnata per lo più come tecnica di rilassamento. Ma come ho accennato più sopra possiamo meditare anche sdraiati, l'unico inconveniente, che però non fa male, è che possiamo addormentarci.

Se siamo stanchi, la posizione distesa (savasana), ci fa recuperare velocemente le forze.

Esecuzione:

Stendetevi sulla schiena; - le gambe leggermente divaricate, le punte dei piedi un po' aperte verso l'esterno;

- la colonna vertebrale il meglio possibile aderente al terreno, con

la zona lombare e cervicale ben distese;
- le braccia ai lati del corpo, i palmi delle mani rivolti verso l'alto, le dita morbide; gola, lingua, mascella, occhi e fronte rilassati.
- Con gli occhi chiusi, ascoltate tutto il vostro corpo risalendo dai piedi al capo: piedi, polpacci, cosce, glutei, addome, torace, schiena, spalle, braccia, gola e collo, volto e capo.
- Se percepite delle zone tese, lasciate che si allentino, favorite mentalmente la loro distensione.
- Il vostro corpo pian piano si abbandonerà completamente al terreno.
- Se avete la sensazione che persistano delle tensioni, risalite di nuovo mentalmente dai piedi al capo lasciando che le contratture si allentino.
- Dopo aver rilassato la muscolatura, portate l'ascolto più in profondità, permettendo agli organi interni di rilassarsi: gli organi dell'addome, del torace, del capo.
- Il battito cardiaco diventerà più lento e regolare, così come il vostro respiro.
   A questo punto siete pronti per seguire il respiro: osservatelo senza influenzarlo volontariamente. Semplicemente percepite all'interno del corpo il leggero movimento della respirazione, lasciandola naturale, così come viene.
- Per un po', senza fretta, rimanete in ascolto.

- Infine permettete anche alla mente di riposare.
- Lasciate vagare liberamente i pensieri, lasciateli scorrere, venire e andare: Pensieri, immagini e emozioni si presentano e passano, accoglieteli passivamente, come osservandoli dall'esterno, non soffermatevi su niente in particolare.
- Sorvegliate di rimanere svegli e coscienti, non cadete nel sonno.
- Dopo un po' riportate l'ascolto al respiro, poi a tutto il corpo: percepite il vostro corpo rilassato.
Al termine della seduta cominciate gradualmente a ridare movimento al corpo, partendo dai piedi e dalle mani, fino a stirarlo tutto attivamente.
- Siete pronti per terminare la pratica: aprite gli occhi e portatevi lentamente seduti.

Assaporate gli effetti del rilassamento!

*

Anche se si può imparare a meditare da autodidatta (facendo, facendo si intuisce il modo giusto per farlo), è sempre meglio affidarsi a un bravo istruttore con esperienza, per fare meglio e più velocemente.

I BENEFICI DELLA MEDITAZIONE

I benefici incominciano a farsi sentire da subito, con il semplice rilassamento, e poi aumentano con la pratica:

- Per fare un esempio: quando il mare è mosso, i sedimenti vengono agitati e l'acqua diventa torbida, ma quando il vento si placa il fango si deposita a poco a poco e l'acqua diventa limpida. O ancora, quando tira vento gli alberi si agitano e si dimenano, ma quando il vento si placa le chiome degli alberi ritornano fermi e bellissimi.

- In modo simile, quando il flusso incessante dei pensieri che ci distraggono si calma, attraverso la concentrazione sul respiro, la nostra mente diventa insolitamente lucida e chiara e il nostro corpo stabile e rilassato.

Anche se la meditazione sul respiro è solo "una tappa del sistema yoga", può essere molto potente.

- Quando la nostra mente e calma e il nostro corpo rilassato, l'ansia scompare, i cattivi pensieri scompaiono, possiamo così sperimentare la pace interiore (Ci sentiremo profondamente appagati). Allo stesso tempo il nostro sistema immunitario può svolgere appieno il suo lavoro e difenderci e farci guarire dalle malattie.

-

*

E' comunque scontato che anche tutte le altre buone tecniche di meditazione sono efficaci ed hanno gli stessi effetti benefici sulla salute.

*

MEDITARE CON LA PREGHIERA

I cristiani o cattolici osservanti, che provano un certo disagio a meditare con le tecniche di meditazione orientali, possono farlo benissimo con la preghiera cristiana.

Anche la preghiera, infatti, è una forma di meditazione. E come la meditazione yogica sopra descritta, per avere i migliori effetti positivi sulla nostra salute occorre osservare con onestà intellettuale i minimi precetti morali. Meglio ancora se fatta con devozione a Dio e al proprio maestro, come ha insegnato pure Gesù.

Pertanto la meditazione è anche una forma di preghiera, così come la preghiera fatta nel modo giusto è una forma di meditazione. Infatti, quando la preghiera viene eseguita secondo l'insegnamento di Gesù e dagli apostoli nel Nuovo Testamento, quando preghiamo il Padre nostro *"chiusi nella nostra stanza"*, quindi in un luogo non disturbato e confortevole, ripetendo la preghiera per molte volte non facciamo altro che meditare allontanando da noi ogni ansia e ogni pensiero, ritrovando pace e serenità.

Perciò, per i cristiani, che invece della meditazione Yogica, preferiscono meditare con la preghiera cristiana, possono benissimo meditare con la preghiera insegnata da Gesù *"il Padre nostro"*, oppure con la cosiddetta *"Preghiera del Nome di Gesù"* molto in uso nelle chiese e nei monasteri della chiesa cristiana orientale.

La preghiera che ci ha insegnato Gesù è composta da sette frasi:

1. *Padre nostro che sei nei cieli, sia santificato il tuo nome;*
2. *Venga il tuo Regno;*
3. *Sia fatta la tua Volontà;*
4. *Dacci oggi il nostro pane quotidiano;*
5. *Perdona i nostri peccati come noi abbiamo perdonato ai nostri peccatori;*
6. *Non ci indurre in tentazione:*
7. *Ma liberaci dal male.*

Ho fatto esperienza con questa preghiera nel modo seguente: ogni frase (o invocazione) deve essere prima recitata a memoria e poi a voce media (non alta ne bassa) e alla fine ricominciamo daccapo per quante volte vogliamo, ma per non meno di 10 minuti.

Possiamo meditare o pregare dove quando e vogliamo, ma se preferiamo, in base ai nostri impegni giornalieri, scegliere uno o due momenti nella giornata, è meglio la mattina a digiuno e la sera prima di cena.

La Meditazione con il Nome di Gesù

Questa preghiera/meditazione cristiana molto in uso nella tradizione della Chiesa orientale consiste nel ripetere continuamente, per il tempo che decidiamo di dedicarci, *"**Gesù Cristo figlio di Dio abbi pietà di me peccatore!**"*, o in forma abbreviata *"**Gesù pietà di me**"*. La tecnica è la stessa, potete pregare in un luogo confortevole ripetendo la frase mentalmente e poi a voce media. Ma potete altresì pregare o meditare ovunque, mentalmente o a bassa voce.

(da "Racconti di un pellegrino russo")

LA MEDITAZIONE E L'ANIMA

"Meditare è fare crescere l'Anima e rimpicciolire l'Ego. (Mauro Scardovelli). Per Scardovelli, insegnante di PNL Umanistica, l'Anima è il massimo punto di evoluzione. *(Con-Passione e leggerezza -2013).*

Yongey Minigyur Rinpoche

"La meditazione buddista è quel processo in cui si fa conoscenza con la mente….Meditare, ovvero fare conoscenza con la mente, all'inizio è la stessa cosa: si fa amicizia con uno sconosciuto. E termina il suo libro con queste parole: *"Ma la parte migliore di tutto questo è che, a prescindere da quanto a lungo praticate e dal metodo che usate, ogni tecnica della meditazione buddhista finisce per generare* **compassione.** *Ogni volta che guardate la mente, non potete non riconoscere la vostra somiglianza con gli altri. Vedendo il vostro desiderio di essere felici non potete fare a meno di vederlo anche negli altri. E quando guardate chiaramente la paura, la rabbia o l'avversione, non potete non vedere che tutti provano gli stessi sentimenti. Questa è la* *saggezza, intesa non come erudizione libresca, ma come risveglio del cuore, come riconoscimento della nostra connessione con gli altri e come via che porta alla gioia."* (Calma Empatia e Visione Profonda - Yongey Minigyur Rinpoche)

Lama Geshe Nagwang Tserins

"La meditazione serve a trasformare la nostra mente in qualcosa di positivo, a sviluppare la Compassione, l'amore e l'attenzione verso tutti gli esseri: E' questa la via per ottenere quella pace interiore che è fonte di gioia e di felicità." *(Voyager : "la forza della preghiera").*

Paramansa Yogananda

"Sappiamo che l'uomo è di solito incapace di opporsi alle emozioni negative e ai cattivi desideri, ma questi sono ridotti all'impotenza e egli non trova più motivi per indulgere ad essi quando, grazie al kriya yoga *(tecnica di meditazione)*, comincia a nascere in lui la consapevolezza che esiste una gioia superiore e durevole. Allora la rinuncia, la negazione della natura inferiore, va di pari passo con l'acquisizione dell'esperienza della beatitudine. Se non avviene questo, le massime morali che si limitano a esprimere divieti non hanno per noi alcuna utilità. *("Autobiografia di uno Yogi").*

"La realtà (verità) non può riflettersi fedelmente in una mente turbata da simpatie e antipatie, dalle passioni e dai desideri irrequieti che le accompagnano" - "Ma quando la mente si calma con la meditazione, l'ego e la sua consueta agitazione lasciano il posto alla pace beata della percezione dell'Anima". - "Noi siamo tutti fatti a immagine di Dio, siamo fatti di Coscienza immortale (Anima)" - "E' un' eredità che possiamo sapere di possedere solo con la meditazione, con la devozione e con la preghiera". *("Lo yoga di Gesù"- 2011).*

Lo Yoga della Meditazione:
La "Bhagavad Gita" (Cap. IV)

Versetto 6. - *"Per colui il cui sé (ego) è stato conquistato dal Sé l'Anima), il Sé è l'amico del sé. Ma verso il sé che non è sotto controllo, il Sé si comporta in maniera ostile, come un nemico.*

Versetto 10. - *"Libero dalle speranze dei desideri e dalle brame di possesso, con il cuore e la mente controllati dall'Anima (per mezzo della concentrazione yoga), ritirandosi da solo in un posto tranquillo, lo yogi deve cercare costantemente di unirsi al-l'Anima.*

L'insegnamento di Gesù

"E che giova a un uomo se, dopo avere guadagnato tutto il mondo, perde poi l'Anima sua? O che darà l'uomo in cambio della sua Anima!" (Mat 16/26)

"Ama il Signore Dio tuo con tutta l'Anima tua"... Mat 22/37).

"Ma tu quando preghi entra nella tua cameretta e serratone l'uscio fa orazione al Padre tuo che è nel segreto; e il Padre tuo che vede nel segreto, te ne darà la ricompensa." (Mat 6/6)

"Venite a me voi tutti che siete travagliati (stressati) ed aggravati (stanchi), ed io vi darò riposo. Prendete il mio giogo su di voi ed imparate da me, perché io sono mansueto ed umile di cuore; e voi troverete riposo alle Anime vostre; poiché il mio giogo è dolce e il mio carico è leggero. (Mt. 11/28)

S. Isacco di Ninive

"Le fatiche e il lavoro ascetico aiutano l'Anima a raggiungere la liberazione dalle passioni,..."

"rilassando le membra danno pace al pensiero quando, raggiunto il silenzio, cessa il turbamento dei sensi esteriori"

(Filocalia I, a cura di G.Vannucci).

*

LA RICERCA SCIENTIFICA
SULL'EFFICACIA DELLA MEDITAZIONE

Come riportato dal fisico Fabrizio Coppola nel suo bellissimo libro "Il segreto dell'universo", dal 1970 in poi sono state condotte centinaia di ricerche scientifiche sugli effetti e benefici della meditazione trascendentale (MT), che è una tecnica di meditazione consistente nella ripetizione mentale di un mantra (una parola o frase appropriata).

La tecnica di MT ha confermato di essere eccezionalmente efficace nella *riduzione di stress e tensioni, nell'aumento dell'intelligenza, della memoria e della chiarezza mentale, nel rallentamento dell'invecchiamento biologico, nella prevenzione delle malattie* e nell'ottenimento di altri di altri benefici neurologici, fisiologici, psicologici e sociologici in certi problemi specifici: riduzione dell'insonnia, dell'ipertensione, della depressione, del consumo di tabacco, alcool e droghe, aumento della fiducia in se stessi e delle relazioni sociali, diminuzione degli incidenti, dei comportamenti illegali ecc… -

Nel suo libro "Il Segreto dell'universo" (Cap.7/17), il fisico F. Coppola spiega, inoltre, che i benefici sulla salute in generale e sul rallentamento dell'invecchiamento in particolare, sono possibili con *la coerenza, l'ordine e la diminuzione dell'entropia*, processi sui quali la Meditazione T. agisce notevolmente e ciò è dimostrato scientificamente nella vita dei meditanti stessi.

Rilassamento attiva geni-chiave salute. Per ottenere risultati bastano 10-20 minuti al giorno. (ANSA - ROMA, 3 MAG)

La meditazione e le tecniche di rilassamento in generale fanno bene alla salute attivando geni importantissimi contro l'invecchiamento, contro deleteri processi infiammatori, per la regolazione della glicemia e dell'efficienza energetica delle cellule. Lo dimostra uno studio pubblicato sulla rivista Plos One da Herbert Benson del Massachusetts General Hospital di Boston. Bastano 10-20 minuti al giorno di tecniche di respirazione, recitazione di alcune parole e esercizi per ottenere i risultati.

Meditazione mette KO ansia e depressione

(ANSA) - ROMA, 7 GEN - Mezz'ora di meditazione al giorno aiuta a combattere ansia e depressione, con un effetto che è superiore a quello dato da un placebo e in alcuni casi comparabile a quello dei farmaci antidepressivi. Lo rivela uno studio su oltre

3500 individui condotto da Madhav Goyal della Johns Hopkins University School of Medicine e pubblicato su JAMA. E' emerso che una pratica di 2 mesi di meditazione per circa 30-40 minuti al giorno dà sollievo a ansia e depressione con un'efficacia superiore al placebo.

La meditazione tibetana in corsia:
a Bologna prima sperimentazione

L'Ausl del capoluogo emiliano è la prima azienda sanitaria al mondo ad avviare, da febbraio, l'utilizzo clinico della pratica orientale nella cura delle patologie oncologiche. L'Ausl di Bologna è la prima azienda sanitaria a consentire la sperimentazione di una terapia tibetana ai suoi pazienti oncologici.

Si chiama "pratica meditativa Tong Len", partirà a febbraio e sarà condotta dall'equipe del dottor Gioacchino Pagliaro, direttore del reparto di Psicologia clinica dell'ospedale Bellaria.

La medicina orientale incontra quella occidentale. La psicologia sposa l'oncologia. Nei prossimi giorni saranno scelti 80 pazienti che, naturalmente, continueranno nel frattempo il normale processo di cure. Quaranta di loro saranno sottoposti alla terapia, l'altra metà no, in modo da valutare le differenze. Pagliaro e i 15 professori sanitari che costituiscono la sua equipe non conosceranno i nomi di chi farà il test: avranno solo una scheda con le iniziali del paziente, il tipo di patologia che ha e determinati valori del sangue.

Lo studio, che è a costo zero, durerà diversi mesi e, a distanza di tre e cinque anni, lo staff di medici analizzerà i pazienti per capire se ci sono stati cambiamenti, se sono variati alcuni valori del sangue come il livello dei globuli bianchi oppure se ci sono miglioramenti negli stati d'ansia e di tensione. Una misurazione, questa, che avverrà prima, dopo e durante il test. Ad oggi non c'è letteratura scientifica che possa dimostrare il reale beneficio della terapia studiata da Pagliaro.

La Mindfulness (piena consapevolezza di se)
articolo apparso su PLOS ONE

La pratica mindfulness, di derivazione orientale, è conosciuta da diverso tempo per l'efficacia empirica rispetto all'approccio (peraltro integrabile spesso con altri interventi) inerente i disturbi d'ansia, i disturbi depressivi, le patologie legate alle difficoltà socio-relazionali, l'impulsività patologica e il disagio emotivo in genere.

La tranquillità - La meditazione prolungata attiva l'area prefrontale sinistra della corteccia cerebrale (sotto la tempia sinistra), aumenta così la sensazione di benessere e diminuendo l'ansia.

L'allenamento – la capacità di meditare si può allenare e produce
effetti permanenti nel cervello. Nei monaci tibetani la corteccia
prefrontale sx è molto più attiva, anche nella vita di tutti i giorni.

Le onde gamma – nel momento di massima concentrazione il
cervello produce una grande quantità di onde gamma che si riferi-
scono allo stadio cui è associata la risoluzione di più problemi
contemporaneamente.

La concentrazione – tra i cambiamenti permanenti c'è l'ispessi-
mento delle aree del cervello legate all'attenzione e alla concentrazione, che si trovano nell'area dx della corteccia cerebrale.

La vecchiaia – grazie all'aumento dei neuroni nelle aree del cervello legate all'attenzione, le persone abituate a meditare corrono
meno rischi di ammalarsi di demenza nella terza età.

Le malattie – proprio perché riduce ansia e stress, la meditazione
potenzia anche il sistema immunitario.

L'utilizzo della *mindfulness* (la cui approssimativa traduzione potrebbe essere per esempio: *consapevolezza mentale,* oppure *meditazione consapevole*) come **strumento psicoterapico** spesso si
dimostra di grande beneficio nella pratica clinica.

I recenti studi (in basso il link della recentissima indagine scientifica, a cui hanno contribuito diversi specialisti italiani_dell'Universitá di Rovereto) anche attraverso le sofisticate tecniche di *neuroimaging*, evidenziano le **ipotesi neurobiologiche alla base dell'effettiva efficacia della mindfulness** applicata all'area terapeutica.

La portata di tali suggestive ipotesi (descritte per la prima volta in questa ricerca condotta anche da specialisti italiani), orienta gli studi futuri verso scenari terapeutici affascinanti e che possono trovare nella "meditazione consapevole" un valido sostegno agli attuali diversi approcci terapeutici di tipo psicologico e psichiatrico.

Psicoterapia lenisce non solo ferite della mente, ma pure danni del DNA – Percorso terapeutico riduce guasti genetici indotti dai traumi - (ANSA, 27 ottobre, 2014)

La psicoterapia può "guarire" anche il DNA, incide non solo sul benessere psichico del paziente ma lascia una traccia 'visibile' persino sui suoi geni, favorendo i naturali processi di riparazione del DNA e riducendo il rischio di danni genetici. Lo dimostra uno studio pubblicato sulla rivista Psychotherapy and Psychosomatics che evidenzia anche che, a livello molecolare, lo stress cronico potrebbe aumentare il rischio di cancro perché accresce il tasso di danni al DNA (rotture dei filamenti della doppia elica, comparsa di difetti genetici) e limita i meccanismi fisiologici di riparazione del DNA stesso. Gli autori, un gruppo di scienziati tedeschi dell' Universität Konstanz, hanno isolato il DNA di cellule del sangue di individui con la sindrome da stress post-traumatico e di individui sani di controllo; all'inizio dello studio hanno misurato il livello di danno genetico su quel DNA di tutto il campione. In questa fase è emerso che chi soffre di stress post-traumatico presenta più frequenti danni a carico del proprio corredo genetico suggerendo la possibilità che a livello molecolare lo stress cronico incida sul rischio tumore di un individuo (l'accumularsi di danni genetici, infatti, aumenta il pericolo di ammalarsi di cancro).

I ricercatori si sono poi concentrati sui pazienti dividendoli in due gruppi, uno dei quali ha intrapreso un percorso di psicoterapia. Gli altri pazienti, invece, non sono stati coinvolti in alcun tipo di intervento terapeutico. Alla fine del percorso il DNA delle cellule sanguigne del campione di pazienti è stato nuovamente esaminato.

I ricercatori hanno constatato che il ciclo di psicoterapia su pazienti con disturbo da stress post-traumatico favorisce i naturali processi di riparazione del DNA e anche la riduzione dei danni genetici che erano stati riscontrati all'inizio dello studio.

IL MIO PERCORSO NELLA RICERCA SPIRITUALE

C'erano delle nuvole bianche nel cielo azzurro.
C'erano delle formiche nere sotto l'erba verde.
C'ero anch'io senza pensieri, senza nulla da fare.
Solo, ad osservare!

Ho letto il vangelo sin da piccolo. Ma da grande ho incominciato a interessarmi di spiritualità negli anni settanta, tra le altre cose, ero attratto dalla filosofia orientale e dallo Yoga (Atha yoga e meditazione) che ho praticato da autodidatta per qualche tempo.

Dopo essermi trasferito a Modena, nel 1985, sono stato iniziato alla meditazione trascendentale, il cui movimento era allora molto diffuso anche in Italia.

A Modena eravamo un piccolo gruppo ed avevamo anche una sede in via Scarzeria.

Di tanto in tanto si andava a Verona dove c'era una sede più grande. Ma per seguire i corsi ed i ritiri si andava sul lago di Como. Qui l'associazione Maharyschi aveva acquistato un albergo per adibirlo allo scopo.

Allo stesso tempo però leggevo la Bibbia e gli insegnamenti di Gesù. Così dopo un paio di anni avendo sentito ridicolizzare i cristiani evangelici da parte di un insegnante di meditazione, mi sono risentito anche se non ero mai entrato in una chiesa evangelica. Da questo episodio crebbe in me la curiosità per il movimento evangelico pentecostale finché un giorno, mentre camminavo in una strada di Modena, una ragazza che distribuiva volantini, mi invitò a visitare la loro chiesa che allora si trovava in un locale di Via Piave. Il pastore era un certo Arcangeli, figlio di evangelici romani perseguitati durante il fascismo. Il fratello Arcangeli veniva a condurre il culto domenicale da Bologna, dove conduceva una chiesa molto più numerosa. Questo fratello aveva un certo carisma e un buon talento per la predicazione.

Dopo avere frequentato costantemente per un anno il culto domenicale e lo studio della Bibbia, chiesi di essere battezzato col rito evangelico.

In questa chiesa ho avuto molte belle esperienze religiose e spirituali, nonché di introspezione e di auto analisi per conoscere me stesso, ma anche di comprensione verso gli altri. Poi ho voluto conoscere anche le altre chiese evangeliche di Modena e non solo.

Ma in seguito qualcosa non ha funzionato. Oltre all'aspetto "settario" di queste comunità evangeliche, mi sembrava che i "fratelli" vivevano più nel Vecchio testamento che nel Nuovo. E io avevo bisogno di andare oltre.

Rimasi nella chiesa evangelica per altri due anni, ma nel frattempo riflettevo sulla ricchezza spirituale e culturale della chiesa cattolica, dove, oltre agli errori e spesso al peccato, esistevano più Santi autentici di ogni altra chiesa o religione nel mondo. Così cominciai a frequentare la messa della domenica con una fede e una conoscenza diversa di dieci anni prima, con maggiore consapevolezza e comprensione del messaggio e degli insegnamenti di Gesù Cristo.

Strada facendo ricomprai alcuni libri tra i quali "Autobiografia di una Yogi" per approfondire lo studio della comparazione tra la religione Induista - Buddista e quella Cristiana. Allo stesso tempo ho ripreso la pratica della meditazione che per altro, praticando la preghiera cristiana, non avevo mai abbandonato del tutto. Ho sperimentato così quanto sia efficace la meditazione yoga, nonché la preghiera cristiana, per <u>la buona salute, fisica, mentale e spirituale</u>.

Da alcuni anni seguo anche gli insegnamenti di Mauro Scardovelli (PNL Umanistica); seguo anche Marco Guzzi, poeta e filosofo, che nelle sue conferenze e nei suoi gruppi di formazione e crescita spirituale "Darsi Pace", insegna che una nuova umanità è possibile, avvalendosi anche della PNL Umanistica e della meditazione.

L'essenza di ogni cosa

Ho letto la Bibbia che usano i testimoni di Geova, ma non sono diventato un testimone di Geova;

Ho letto la Bhagavad Gita e il Dhammapada, ma non sono diventato Buddista;

Ho praticato la preghiera e le tecniche di meditazione, ma non sono diventato un monaco;

Ho frequentato, come cristiano, le chiese evangeliche, ma non sono rimasto un membro di queste chiese.

Tutte le forme religiose sono buone, ma non tutte sono efficaci per entrare nel *"Regno di Dio"*.

Ci sono forme religiose che si dilettano nella speculazione intellettuale e si fermano nella sfera della ragione.

Ci sono forme religiose che indagano la mente, ma rimangono nel mondo delle idee e dei sentimenti.

Ci sono poi *discipline spirituali* che hanno lo scopo di trascendere la Ragione, la Mente e le Idee per conoscere l'Essenza primaria di ogni cosa.

Grazie al mio percorso di fede e di studio,   ho compreso, che il mio intuito, se pur travagliato dall'Ego, mi diceva che c'era dell'altro: c'era l'Anima *(entità di massima evoluzione umana)* per *Mauro* Scardovelli, oppure *(il Se, lo Spirito, il Soffio Vitale, la Scintilla divina, la Coscienza Cristica)*, per gli gnostici e per i mistici.

L'Anima che è in noi, se glielo "permettiamo", vede e agisce non dal punto di vista della carne (ego), ma dal punto di vista dello Spirito (Anima), per una vita serena e armoniosa con noi stessi e con gli altri.

Sono rimasto un cristiano devoto a Gesù Cristo.

Ogni sincero ricercatore non può fare a meno di un Maestro, una guida, per la ricerca della Verità"

Meditazione sull'orto

Coltivare l'orto può essere una terapia? Mi sono posto questa domanda dopo un po' di tempo che ho incominciato a lavorare nell'orto, ma non c'è voluto molto per rispondere positivamente.

Effettivamente coltivare 40/50 metri quadrati di orto, come quelli messi a disposizione dal comune per i pensionati del Centro sociale Orti, se considerato sotto tutti gli aspetti, può essere un buon esercizio terapeutico.

Non mi riferisco soltanto ai benefici che comporta l'esercizio fisico, ma soprattutto ai benefici psicologici, nonché psicologico/spirituali, se si considera il lavoro creativo, di crescita culturale e di coscienza che si può dedurre con un'attenta riflessione. Dissodare il terreno, eliminare le erbacce infestanti, seminare o mettere a dimora le piantine dei vari ortaggi, annaffiarle e farle crescere sane per poi raccogliere i frutti deliziosi, oltre a dare grande soddisfazione, gratificazione ed autostima, ci fa riflettere anche sulla nostra vita. Noi siamo come l'orto. Spesso, come l'orto, siamo un terreno duro che ha bisogno di essere dissodato, abbiamo dentro di noi molte erbacce inquinanti da estirpare, abbiamo qualche sporcizia da pulire. Ma soprattutto abbiamo bisogno di fare crescere dentro di noi delle buone piante, dei buoni pensieri (piante di pace, di solidarietà, di pensieri di benevolenza e di compassione). Come per il terreno dell'orto, anche noi dobbiamo diventare terreno buono per fare crescere la buona coscienza e dare buoni frutti.

La sofferenza e la speranza

Le emozioni si sono conficcate nella mia carne,
sono penetrate persino nelle mie ossa.
La sofferenza è nel mondo, c'è ne per tutti.
C'è anche la felicità e si può trovare!
La vita ci ha stritolato;

Ci ha macinato,
come si macina il grano al mulino.
Ma ne è valsa la pena, la farina è buona!
La sofferenza è nel mondo, c'è ne per tutti.
C'è anche la felicità e si può trovare!

Ho fatto quello che ho potuto;
ho fatto esperienza, ho imparato qualcosa.
Le poche gioie della vita non rimangono,
migrano molto presto,
come uccelli di passaggio,
volano via lontano,
come gabbiani bianchi in autunno.
Ma ne è valsa la pena, la saggezza è buona!
La sofferenza è nel mondo, c'è ne per tutti.
C'è anche la felicità e si può trovare!

Quando, a metà del cammino,
mi sono ritrovato stanco,
lo Spirito del Signore mi ha ridato la forza.
Il Signore mi ha dato una famiglia.
Il Signore è stato la mia forza e la mia speranza.
E in Te Signore spero ancora!
La sofferenza è nel mondo, c'è ne per tutti.
C'è anche la felicità e si può trovare!

La vita vale sempre la pena!

*

Le chiese Evangeliche e la spiritualità a Modena negli anni 80

Dopo avere abbandonato la pratica della meditazione trascendentale, ho conosciuto diverse realtà o pratiche religioso-spirituale. In quegli anni a Modena, oltre alla Chiesa Cattolica, c'erano due "Chiese cristiane evangeliche dei fratelli" e due "Chiese cristiane evangeliche pentecostali" di cui un' associata alle "Assemblee di Dio in Italia". C'erano anche gruppi del "Rinnovamento dello Spirito" sia legate alla Chiesa Cattolica che liberi.

Nelle Chiese evangeliche conoscevo molti fratelli, anche perché, oltre ad avere visitato le altre chiese, avevo aderito al gruppo dei Gedeoni di Modena. I Gedeoni sono un' associazione internazionale e inter-denominazionale: sono quelli che a proprie spese fanno stampare copie della Bibbie e del nuovo testamento per poi distribuirli negli alberghi, nelle scuole ecc...

Per questo, quando mi sono sposato, ho fatto un ricevimento anche a Modena invitando tutti i fratelli che conoscevo delle varie Chiese evangeliche. Tra gli invitati c'erano anche il Missionario olandese, Antonio Goldberg, e il Dott. Giuseppe Berri; quest'ultimo è diventato anziano responsabile di una delle "Chiese evangeliche dei fratelli". Insieme ad altri pochi fratelli, ero presente anch'io quando Giuseppe, dopo essersi convertito ha deciso di fare il battesimo in acqua.

La Teosofia e il pensiero di Krishnamurti

All'epoca c'era a Modena anche un gruppo Teosofico, di spiritualità laica: ricordo di avere partecipato a qualche riunione di teosofia. Le riunioni di questo gruppo si tenevano in un appartamento su Viale Muratori dove eravamo ospitati dalla Signora Fontana la madre del famoso fotografo modenese. Fu qui che ho sentito parlare per la prima volta di Krishnamurti e del suo pensiero-insegnamento libero e incondizionato da ogni schema (a Krishnamurti stava a cuore la liberazione dell'uomo dalle paure, dai condizionamenti, dalla sottomissione all'autorità, dall'accettazione passiva di qualsiasi dogma).

Giuseppe fa il battesimo nel fiume,
Marco fa il battesimo nella vasca da bagno.

Il dott. Giuseppe Berri , prima di andare in pensione, esercitava come urologo presso l'ex Ospedale Estense di Modena, si era convertito al cristianesimo evangelico, ma non aveva aderito ad una chiesa o denominazione particolare. Preferiva partecipare al culto domenicale in una chiesa diversa ogni domenica: era convinto, come lo ero anch'io, che non era nello spirito cristiano il "settarismo" religioso delle chiese evangeliche, ne le divisioni dei cristiani nelle svariate denominazioni, compreso la chiesa cattolica. Giuseppe ospitava anche una riunione di preghiera in casa sua ogni venerdì sera, lui era bravo con la chitarra così si cantavano dei cantici e si pregava. Quando ha deciso di fare il battesimo in acqua, lo ha fatto nel fiume Panaro, ma per Marco l'acqua era troppo fredda. Così una domenica ci siamo riuniti nella casa di Giuseppe, in montagna a Zocca, con il missionario Antonio Goldberg, c'era con noi anche Gerardo, Claudio, e qualche altro fratello che non ricordo il nome. Dopo avere letto il vangelo ed avere pregato, Antonio ha eseguito il rito del battesimo immergendo il fratello Marco nella vasca da bagno. Poi Giuseppe ci offrì qualcosa da mangiare e passammo buona parte della giornata in serena e piacevole armonia.

Antonio Goldberg è un "fratello" Olandese della città di Utrect. La sua comunità evangelica lo aveva mandato in missione in Italia molti anni prima quando era più giovane. Era approdato a Reggio Calabria. Qui, insieme alla moglie, ha cominciato a farsi le ossa come missionario e predicatore evangelico. In quella città sono nate pure le sue due figlie. Non sono certo quanti anni è rimasto a Reggio Calabria. Io l'ho conosciuto a Modena sul finire degli anni 80, quando le sue figlie erano già adolescenti. Irene, sua moglie, era molto gentile, allegra e simpatica. Diventammo amici e sono venuti anche loro al ricevimento del mio matrimonio. Antonio non pensava di aprire una nuova chiesa evangelica a Modena.

Il suo lavoro missionario era piuttosto interconfessionale tra le chiese evangeliche e comunità del rinnovamento dello spirito.

Antonio ha organizzato per alcuni anni delle conferenze per pastori e responsabili di comunità evangeliche a Rimini. Per tale occasione invitava a predicare un anziano pastore scozzese molto bravo e rinomato. In quel periodo ho rischiato anch'io di diventare un missionario: per un po' di tempo mi recavo tutte le domeniche a Piacenza per fare delle riunioni di preghiera insieme a un piccolo gruppo di fratelli. Antonio e la sua famiglia abitavano a Corlo di Formigine (MO) conducendo una vita semplice e sobria. Antonio ritornò in Olanda con la sua famiglia diversi anni dopo quando gli fu dato l'incarico di pastore presso la sua chiesa di origine ad Utrect.

*

Il famoso psicologo Erick Fromm, nella sua ultima intervista prima di morire, ha dicharato: "le religiono non sono nulla, vivere religiosamente è tutto!"

*

CONOSCERE IL NOSTRO STATO DI SALUTE
(fisico – mentale - spirituale)

La buona salute, come pure la cattiva salute, si manifesta su diversi piani o livelli: (fisico, emotivo-mentale e spirituale). Con le due tabelle in appendice possiamo prendere consapevolezza e confidenza col nostro buono e/o cattivo stato di salute.

Gesù disse: *"I sani non hanno bisogno del medico, ma gli ammalati". Io non sono venuto a chiamare dei giusti, ma dei peccatori" (Lu. 31; Mat. 9/12; Mar. 2/17).*

Questo insegnamento di Gesù ci dice chiaramente che gli ammalati sono i peccatori, cioè gli ingiusti, i corrotti, i criminali ecc....

Gesù, Signore e Maestro, non solo guarisce il corpo con le innumerevoli guarigioni istantanee, ma insegna ai discepoli come guarire nella mente e nello spirito. *"Perciò vi dico: Non siate con ansietà solleciti per la vita vostra, per il mangiare e per il bere; né per il vostro corpo, per i vestiti" (Mat. 6/25). "Non è il corpo più importante dei vestiti!? e la vita più importante del nutrimento!?"....*

La risposta è si! La vita è più importante del cibo e il corpo è più importante del vestito! Gesù ci insegna ad eliminare le ansietà e le preoccupazioni persino riguardo al mangiare e al vestire che sono bisogni più essenziali di sopravvivenza.

Così Gesù ci insegna, non solo ad avere fiducia in Dio Padre in tutto e per tutto, ma anche a considerare la nostra vita e il nostro corpo più importanti di ogni altra cosa, perché noi siamo importanti per il Padre celeste; Gesù ci insegna ad amare di più noi stessi.

Molto spesso, infatti, non ci piace né il nostro corpo né la nostra vita e da questo scaturisce l'ansia; così dimentichiamo di avere un corpo meraviglioso nel quale viviamo, e attraverso il quale possiamo vivere sensazioni meravigliose. Fare conoscenze straordinarie, fare esperienze (materiali e spirituali); possiamo gioire e crescere sempre di più elevando la nostra coscienza fino a trovare "il Regno di Dio": entrare nella dimensione spirituale di unione col Padre (vera esistenza – vera coscienza – vera beatitudine).

La buona salute comincia da noi stessi, dal nostro grado di consapevolezza, da quanto la nostra coscienza è elevata spiritualmente. E da quanto siamo consapevoli delle nostre zone erronee nella nostra vita, nella nostra psiche, per poterle correggere. Certo, non è facile vincere e superare *i nostri impulsi, le nostre passioni, le nostre emozioni ecc...,* ma quando prendiamo consapevolezza di esse e decidiamo di superarle e incominciamo a controllarle, allora incominciamo anche a guarire.

(Per l'introspezione sul nostro stato di salute vedi scheda n. 1)

UN POCO DI PSICOSINTESI
(Le funzioni della coscienza umana
secondo R. Assagioli)

Sensazioni: – vedere – udire – gustare – odorare – toccare - (Sono uno strumento per entrare in contatto con il mondo fisico).

Impulsi : - fame – sete – fatica – desiderio sessuale – ira – aggressività - (Sono determinati e scaturiscono dalla nostra biologia).

Emozioni o sentimenti: - gioia – tristezza – amore – paura – eccitazione – depressione - (Sono una fonte di energia di gioia e di sofferenza, ma che noi possiamo controllare).

Immagini o simboli: - naturali – umani – spirituali - (Sono strumenti tramite quali possiamo produrre le altre funzioni della psiche, compreso le esperienze vissute).

Idee o pensieri: - del passato – del presente – del futuro - (sono strumenti per poterci esprimere a livello mentale e che possiamo controllare).

Intuizione: - spirituale – mentale – fisica - (E' una qualità, un sesto senso, una virtù molto sottile, utile per contattare le parti più elevate del nostro essere).

Volontà o desideri: - oggetti fisici – oggetti emotivi – oggetti mentali – oggetti spirituali - (E' un impulso dell'Ego per mettere in pratica il nostro agire).

Le tabelle delle <u>funzioni o facoltà della coscienza</u> sono uno strumento con il quale possiamo fare un auto-esame di coscienza per diventare consapevoli e capire cosa prende il sopravvento sulla nostra volontà; cosa non riusciamo a controllare e cosa riusciamo invece a controllare per non lasciarci sopraffare.

Dobbiamo renderci conto che <u>noi non siamo le nostre funzioni della coscienza</u> *(sensazioni, impulsi, emozioni o sentimenti, immagini o simboli, idee o pensieri, le nostre intuizioni, le nostre voglie o desideri).*

<u>"Noi siamo qualcosa di immensamente più grande, prezioso e sacro".</u>

Il nostro vero <u>Sé</u> è al di la di tutto questo, il nostro vero <u>Sé</u> è la scintilla divina che fa parte della Coscienza universale, di Colui che è: l'*<u>"Io sono colui che sono"</u>* della Bibbia; oppure il *<u>"Sat, Cit, Ananda"</u>* (Esistenza – Coscienza – Beatitudine) della tradizione Vedica.

(Per l'introspezione sulla nostra coscienza, scheda n. 2).

I BISOGNI DELL'UOMO

Il nostro stato di salute è strettamente legato al nostro stato di coscienza, che a sua volta è anche determinato dai nostri *bisogni e desideri*. Per questo ci è utile esaminarli.

Un altro strumento utile per capire quali sono i nostri veri bisogni attuali e quali invece sono indotti dall'esterno ma non necessari è "La piramide dei bisogni di Maslow", con la quale possiamo renderci conto, inoltre, quali sono i bisogni che non abbiamo appieno soddisfatti e a quale livello stiamo riguardo alla nostra *realizzazione personale* e *crescita spirituale*.

Nel 1954 lo psicologo **Abraham Maslow** propose un modello motivazionale dello sviluppo umano basato su una "gerarchia di bisogni", ovvero una serie di "bisogni" disposti gerarchicamente in base alla quale alcuni di essi vanno soddisfatti prima che altri vengano considerati, creando un ordine secondo cui la soddisfazione dei bisogni più elementari è la condizione per fare emergere i bisogni di ordine superiore.

La piramide dei bisogni di Maslow (1954)

Come si può vedere dall'immagine, partendo dalla base della *"Piramide Motivazionale"* (o dei Bisogni) ci sono:

FSIOLOGICI: cibo, acqua, sonno, sesso, termoregolazione, ecc..;

SICUREZZA: protezione, tranquillità, prevedibilità, soppressione preoccupazioni e ansie, ecc..;

APPARTENENZA: essere amato, amare, far parte di un gruppo, cooperare, partecipare, ecc..;

STIMA: essere rispettato, approvato, riconosciuto, ecc…;

AUTOREALIZZAZIONE e CONOSCENZA: realizzare la propria identità in base ad aspettative e potenzialità, occupare un ruolo sociale, sapere, apprendere cose nuove, sentirsi competente e produttivo, bisogni estetici, ecc…;

TRASCENDENZA: andare oltre se stessi (superare la coscienza dell'Ego) e sentirsi parte di una realtà divina o di un disegno della natura.

Comprendere i nostri bisogni, i desideri, il grado di intensità, il grado di ossessività, di passione ed ansietà, nonché il grado di soddisfazione dei bisogni sani e necessari, ci aiuterà moltissimo a trovare la serenità.

Ma non basta, oltre che mentalmente ed intellettualmente, è necessario comprendere i nostri <u>veri bisogni e i giusti desideri</u> nel nostro profondo fisico e psichico; per questo e necessario il rilassamento, con la preghiera, e soprattutto con la meditazione.

*

Placare l'ansia

Moltissimi libri sono stati scritti sulla salute, sui vari metodi ed accorgimenti per restare in buona salute. Libri sulle tecniche di vario tipo e di vario genere sulla salute olistica, e molti saranno ancora scritti. Ma quello che è essenziale sapere è semplice e poco costoso, bisogna sapere se siamo a posto con il nostro corpo, con la nostra mente e con il nostro cuore (emozioni e sentimenti, e soprattutto con la nostra spiritualità).

Se ci sentiamo a posto nel corpo nella mente e nel cuore allora stiamo bene e non abbiamo bisogno di nulla, ma se non ci sentiamo a posto, o non lo sappiamo se tutto va bene, allora abbiamo bisogno di fermarci! E qui è il punto, che cosa significa fermarsi! Fermarsi significa rivolgere la nostra attenzione verso noi stessi, dentro noi stessi; significa non fare nulla se non quello di stare con noi stessi: In pratica troviamo un posto tranquillo, ci rilassiamo e senza fare nulla osserviamo quello che accade, fuori e dentro di noi. Dobbiamo trovare la calma, essere consapevoli che nulla, nessuna ansietà o preoccupazione, è più importante di noi stessi: *"Perciò vi dico: Non siate con ansietà solleciti per la vita vostra, di quel che mangerete o di quel che berrete; né per il vostro corpo, di che vi vestirete". "Non è il corpo più importante dei vestiti!?, E la vita più importante del nutrimento!?"(Mat.*

6/25). Questa è la chiave, togliere le ansietà dalla nostra mente e dalla nostra vita, è la cosa fondamentale per ritrovare la nostra buona salute. E' il primo passo per conoscere noi stessi, per avere più stima di noi stessi, per riscoprire il nostro potenziale umanc e spirituale.

La rabbia - Tra le altre cose spiacevoli, l'ansia porta all'ira che può essere devastante per se stessi e per gli altri.

"Chi è lento all'ira vale più del prode guerriero, chi controlla se stesso vale più di chi espugna città" (Pro. 16/3).

"Il senno rende l'uomo lento all'ira, ed egli stima sua gloria passare sopra le offese" (Pro. 19/11).

"L'uomo che non si sa padroneggiare è una città smantellata, priva di mura" (Pro. 25/28).

Ho letto da qualche parte: *"Ogni volta che si supera l'odio, o il sentimento di rabbia, viene risparmiata tanta buona energia e immagazzinata a nostro favore, questa energia verrà trasformata in una maggiore potenza. La rabbia, quando adeguatamente controllata, si tramuta in un' energia così potente da muovere il mondo".*

Per realizzare l'autocontrollo, liberarsi dall'ira e dall'ansia; per potere realizzare i "bisogni più elevati dell'essere" e necessaria la preghiera e la meditazione.

L'ansia fa invecchiare

(Articolo su *Scientificamerican* l'11 luglio 2012)

Vi spaventate quando vi trovate negli spazi aperti? Oppure in quelli chiusi e angusti? Vi sentite a disagio guardando giù da un palazzo molto alto? Scappate inorriditi quando vedete un ragno? Se queste paure sono frequenti e limitano fortemente la vostra vita, siete affetti da un'ansia fobica, come una percentuale significativa della popolazione.

A quanto pare, tutte queste forme di disagio psicologico hanno anche importanti ripercussioni sulla salute fisica: un nuovo studio ha infatti concluso che le fobie possono determinare un più rapido invecchiamento biologico nelle donne di mezza età e in quelle più anziane, con un maggior rischio di incorrere in problemi di salute.

I ricercatori hanno esaminato i campioni di sangue di 5243 donne di età compresa tra 42 e 69 anni, partecipanti allo studio epidemiologico del Nurses Health Study. Secondo i risultati, pubblicati sulla rivista "PLoS ONE" l'11 luglio scorso, le donne con i più alti livelli di fobia presentavano in media i marker biologici tipici di donne di sei anni più vecchie....Nel corso dell'invecchiamento, i telomeri subiscono un accorciamento naturale, che secondo alcune teorie sarebbe il risultato dell'esposizione allo stress ossidativo e alle infiammazioni.

Specialmente negli individui più anziani, a un maggior rischio di patologie cardiache, di tumori e di demenza.

Le fobie colpiscono una percentuale signficativa della popolazione, in particolare le donne.

Le terapie disponibili permetterebbero anche di prevenire i disturbi correlati all'invecchiamento precoce (Pierre Perrin/Zoko/Sygma/Corbis) Il nuovo risultato dimostra "una connessione tra una comune forma di stress psicologico – la fobia – e un plausibile meccanismo di invecchiamento prematuro", aggiunge Okreke. "…. dal punto di vista biologico è plausibile una relazione tra ansia e telomeri più corti, probabilmente mediati dallo stress ossidativo e dall'infiammazione".

Le ansie fobiche spesso esordiscono in giovane età e sono particolarmente comuni nelle donne. Fortunatamente, per questo tipo di disturbi sono disponibili terapie efficaci. Alla luce di questi recenti risultati sull'accorciamento dei telomeri, trattando le fobie si potrebbe indirettamente prevenire o bloccare l'invecchiamento precoce e diminuire così i fattori di rischio per la salute nei soggetti che ne sono colpiti.

(La versione originale di questo articolo è apparsa su _Scientificamerican_ l'11 luglio 2012).

Placare la sete

Per la buona salute, per stare bene, dobbiamo placare "la sete". In termini spirituale la sete sono le passioni e i desideri: attenzione, non i bisogni, ma gli innumerevoli desideri dell'uomo. I bisogni in effetti non sono poi tanti, ma sono i desideri che possono essere infiniti. E sono sicuramente i desideri che fanno venire "la sete", facendo cadere l'uomo nel *"peccato"*, e non certamente i bisogni.

Anche se certi bisogni a volte possono apparire legittimi, non lo sono affatto, quando questi diventano ossessivi, producendo ansia e cattivi pensieri che conducono all'immoralità, all'errore e alla illegalità.

(Per l'introspezione sui nostri bisogni, e sullo stato di soddisfazione, scheda n. 3).

LA FORZA MORALE
(Purificare la nostra mente)

Per la buona salute non è secondaria la <u>condotta morale</u> i cui precetti li troviamo in tutte le grandi religioni. Nel sistema Yoga la forza morale è conseguita o rafforzata dall'osservanza di *Yama* (moralità o autocontrollo) *e Niyama (*osservanze religiose).

I <u>comandamenti di Yama</u> sono i seguenti:
- *non recare danno agli altri (non violenza);*
- *non mentire (sincerità),*
- *non rubare,*
- *non accettare doni (che comportano obblighi),*
- *non desiderare la roba altrui.*

Le <u>osservanze religiose di Niyama</u> sono:
purezza del corpo e della mente,
- *equanimità (e contentezza) in ogni circostanza,*
- *autodisciplina,*
- *introspezione (studio di se stessi),*
- *devozione a Dio e al Maestro.*

(per l'introspezione sulla nostra forza morale scheda n. 4)

*

E' sorprendente la equivalenza dei suddetti precetti morali, osservanze religiose, pratiche spirituali, con quelli che si
trovano in tutte le grandi religioni, e sacre scritture, soprattutto con i dieci comandamenti della Bibbia, e in modo particolare e compiuto negli insegnamenti di Gesù nei Vangeli.

*

L'IGNORANZA DEL PECCATO

Il peccato originale

Per la buona salute, per stare bene, dobbiamo cercare quindi di eliminare l'ignoranza del "peccato". Il peccato originale nella Bibbia, che è una metafora della caduta, cioè dalla separazione da Dio (Spirito Eterno), (e perciò dal tutto, dall'Unità della creazione).

Hagelin, un fisico statunitense praticante la meditazione trascendentale, scrive: *"il peccato è un errore dell'intelletto: il concetto errato dell'idea della diversità separata dall'Unità".*

Continua Hegelin: *"Questo errore dell'intelletto, cosi fondamentale per la natura della vita e del vivere, risulta responsabile di tutti i problemi e di tutte le sofferenze nella vita. Tuttavia, se la consapevolezza è sufficientemente stabilizzata nella sua natura unificata, allora questo errore dell'intelletto viene eliminato e non viene mai perduto il contatto con la base unificata dell'esistenza".*

Dell'Unità della creazione con Dio parla anche San Paolo quando dice: ***"In Lui viviamo, ci muoviamo e siamo" (N.T. Atti: 17/28).***

Il peccato è quindi costituito dall'errore principale (il concetto errato dell'idea della diversità separata dall'Unità). Questo errore è l'origine di tutti gli altri errori, genera la separatività: la nascita dell'io egoico, dell'io bellico, dell'ostilità ecc...E' l'origine di tutti i mali del mondo.

Per questo Gesù cristo, i Maestri e i grandi Santi di tutti i tempi cercano di riportare l'uomo sulla strada maestra della comunione con Dio.

"...Voi siete tutti fratelli (Mat. 23/8);

"...affinchè siano uno come noi" (Gio. 17/11);

"...affinche siano uno come noi siamo uno" (Gio 17/22).

Origine e significato del termine "peccato"

Il termine "peccato" in aramaico, greco e latino *(khedie – amartia – peccatum)* avevano ben altri significati. Infatti, la parola peccato che conosciamo oggi è una parola latina che deriva appunto da *"peccatum"*, che significava "infrazione di una regola stabilita dalla comunità", per cui se una persona infrangeva questa regola doveva pagare la "penitenziam", cioè la multa.

In greco (da considerare che i vangeli sono scritti in greco), "peccato", ha un significato completamente diverso: peccato in greco si dice "amartia" (è un termine sportivo) che vuol dire : "tirando con l'arco, io sbaglio il colpo". Se io sbaglio il colpo tirando con l'arco, non devo pagare una multa, perché ho già perso la freccia (già da fastidio questo): quindi devo ritirare un altro colpo, sapendo che se non colpisco il bersaglio, un'altra freccia va perduta. Qui il peccato è visto come un errore, quindi un'altra visione della realtà.

In ebraico, la lingua che probabilmente Gesù pensava quando faceva i suoi discorsi, "peccato" si dice "khedìe, trauma o blocco, causato da gravi turbamenti. E questo da ancora tutta un'altra visione.

In pratica:

1) Fare "peccatum", in latino, vuol dire infrangere una legge stabilita, per cui devo pagare una "penitentiam", cioè una multa o una penitenza.

2) Fare "amartia", in greco, significa sbagliare, errare, per cui è già seccante l'avere sbagliato, e devo riprovare d'accapo cercando di non errare.

3) Fare "khedìe", in ebraico, vuol dire causare un trauma. Chi crea un trauma, in pratica interrompe un equilibrio, e il trauma c'è l'ha sia chi lo ha causato, sia l'altra persona che lo ha subito.

Significato e il valore umano del

(amartia – khed'e – peccato)

Da quanto sopra possiamo dedurre che in origine il peccato ("Khed'e" e "Amartia") non hanno nulla a che vedere col peccatum (infrangere una legge), con relativo pagamento della multa o pena e, soprattutto con relativo senso di colpa religioso e dogmatico insegnatoci per secoli dalla chiesa.

Il peccato quindi in ebraico "khed'e", (trauma), tradotto poi nei Vangeli scritti in greco con la parola *"Amartia"*, il cui significato veniva usato nell'ambito sportivo *"la freccia che manca il bersaglio"*.

Possiamo dire perciò che il vero significato di peccato è il fare, o non fare, qualcosa per cui non si raggiunge un risultato positivo voluto (utile, costruttivo, giusto e, direi in fine, armonioso). Ma, al contrario, si produce qualcosa di negativo (non costruttivo, dannoso, ingiusto, traumatico e quindi disarmonico). E' un fallimento, per cui anche nella lingua moderna si dice: "che peccato!" Wath a pitt! (in inglese). E di peccato l'uomo si può anche ammalare oltre che provocare sofferenza a se stesso e agli altri.

Facendo ancora un esempio con la musica: quando vengono rispettate le regole (note, scale, tempi ecc..) si crea una piacevole armonia, allora si crea una risonanza nel nostro essere che ci eleva e ci fa stare bene. Quando invece, sempre nella musica, non si rispettano le regole musicali si creano delle note sgradevoli per cui ci tappiamo le orecchie: non c'è risonanza, non c'è armonia.

Certo l'uomo, o l'umanità, che vive nell'Ego, "tirando la freccia" sente la sua potenza (potenza fisica, intellettuale, potenza economica, potenza militare) e si esalta (superbia della vita), ma la freccia non raggiunge mai il bersaglio: ci sono solo piaceri passeggeri, delusioni, sofferenza, morte e dolore. La freccia ha mancato il bersaglio, è finita a terra! È stato un fallimento! È stato un peccato!

Gli insegnamenti etici, morali e spirituali (non necessariamente religiosi) ci insegnano perché non è bene fare e agire in un certo modo, ma è invece bene fare ed agire nel modo giusto.

Spesso però nella sua crescita, nel suo grande desiderio di libertà e libero arbitrio, l'uomo si chiede: ma perché non posso fare questo o quello! (C'è un desiderio di trasgressione, di vedere com'è). Va bene, l'uomo può fare tutto quello che vuole, ma dobbiamo renderci conto che ad ogni nostra azione ci sono delle conseguenze: qualche volta sono conseguenze piacevoli, che durano poco; quasi sempre sono conseguenze spiacevoli che durano per lungo tempo, se non per sempre. Siamo noi stessi a creare la nostra sofferenza! Perché cosi facendo non raggiungiamo lo scopo, non facciamo centro (la freccia non raggiunge il bersaglio). E quale è il vero centro, il vero scopo della vita? È la vita stessa vissuta bene; è far diminuire l'ego e far crescere l'Anima *(la vera esistenza, la vera pace, la vera gioia, il vero amore e la vera salute)*. La vera salute il cui significato era ed è ancora salvezza. La Salvezza è di non temere più le circostanze, quello che può avvenire, accadere, l'imperturbabilità di fronte a pensieri e fatti negativi (è superare la coscienza dell'Ego). E', in definitiva, trovare la nostra Anima per vivere con i "frutti della Spirito": "A*more, allegrezza, pace, longanimità, benignità, fedeltà, dolcezza, temperanza". (N.T. Gal. 22)*

E' vivere in uno stato di grazia, in armonia con noi stessi e con gli altri.

Il Perdono

"O Signore , se tu poni mente alle iniquità, Signore chi potrà reggere? Ma presso a te V'è perdono, affinché tu sia temuto". (Sal. 130/3,4)

Qui il termine "temuto" non è paura, ma ha sicuramente a che fare con il significato di riconosciuto come Dio. Con il perdono viene riconosciuta la Sua Autorità (il Potere, l'Amore e la Sua infinita sapienza) che il Signore ha per insegnare all'uomo per farlo crescere ai più alti livelli di coscienza.

Sembra un paradosso, ma, anche sul piano umano, un Re o un Capo di Stato che non sa, o non può essere clemente e perdonare, non è certo un Governo giusto, forte e autorevole, ma è invece un Governo debole destinato al fallimento. Anche negli Stati moderni i Presidenti o Capi di Stato hanno il potere di concedere la "grazia".

Gesù disse: *«Padre, perdona loro perché non sanno quello che fanno»* mentre lo stavano crocifiggendo.

Anche ognuno di noi individualmente saremo in grado di perdonare, gli altri e noi stessi, se comprendiamo profondamente che tutti agiamo male per ignoranza.

*

Alcuni passi tratti da un Articolo da"Solaris.it" sul perdono

Cominciamo con una semplice domanda. Perché il perdono? Perché scelgo di essere libera e in pace. Infatti, nessuno di noi può' dimenticare il passato e ciò' che ha vissuto. Abbiamo tutti delle ferite più' o meno profonde che appartengono allo «ieri» della nostra vita e non né possibile dimenticarle, sono iscritte nella nostra carne; magari sono rimarginate, ma le cicatrici sono ancora là e basta un nulla di «oggi» per rilanciare i dolori e le sofferenze dei tempi andati. Abbiamo tutti il diritto di ricordare ciò' che abbiamo patito e i sentimenti che ci hanno abitato nei momenti salienti di quel vissuto doloroso, ma oggi abbiamo anche la possibilità di scegliere. Se voglio, oggi, scelgo di non permettere più' a quegli avvenimenti e a quei sentimenti di presentarsi a me per «guastare» la mia vita presente. Se voglio, oggi, scelgo quindi di guardare quel passato con altri occhi, cambio gli occhiali se cosi' mi posso esprimere e attraverso le nuove lenti «del perdono» quel passato cambia non solo colore, ma addirittura «sapore» nel mio cuore. Scelgo di «liberarmi».

I sentimenti di rancore, odio, risentimento che nutro ancora oggi per degli avvenimenti passati e mi tengono in effetti prigioniera e con me imprigionano nel mio vissuto presente tutte le persone coinvolte in quel passato.

Un ultimo aspetto, ineguagliabile, su cui vorrei fermarmi brevemente né l'aspetto «terapeutico» del perdono. Il risentimento, la collera, l'odio «ci rodono» dentro non solo in senso figurato. Manifestazioni patologiche del fegato, del cuore e della cistifellea possono avere come causa psicologica primaria il «rimuginare» vecchie storie, vecchi rancori. Non sono rari i casi di remissione di queste patologie in seguito ad un lavoro interiore di recupero del proprio passato e di «perdono» per le persone coinvolte.

Vorrei chiudere queste dissertazioni, lasciandovi una preghiera polinesiana, la cui forza é stata provata, se mai ce ne fosse stato bisogno, in occasione del recente disastro nucleare in Giappone. Con questa preghiera, le acque contaminate sono ridiventate potabili ed utilizzabili. La notizia ha circolato su Internet.

La preghiera HO oponopono ha 4 momenti e puo' applicarsi in tutte le circostanze, ivi compresi noi stessi, il nostro passato e le nostre sofferenze di ieri e di oggi.

1- MI DISPIACE – Con questa affermazione, riconosciamo la nostra implicazione in tutto cio' che avviene nel mondo. Se siamo UNA sola cosa, cio' che accade a te che sei in Sud Africa o in Finlandia o non importa dove, é in parte anche una mia responsabilità. Ho una parte di responsabilità in tutto cio' che avviene.

2 - TI CHIEDO PERDONO – Se riconosco la mia parte di responsabilità, la prima cosa che voglio chiedere é il perdono da parte della persona o della situazione che sto prendendo in considerazione.

3 - TI VOGLIO BENE – TI AMO (come preferite) Al di là di cio' che accade e della mia responsabilità, affermo l'amore che ci lega

Fluisco liberamente
con gli eventi
della vita   1

Offro carica e forza ad
ogni cellula
del mio corpo
                2

                2

                3

Apro il mio cuore
verso il cielo
                3

                4

La forza della vita
pulsa dentro di me
                4

                5

La flessibilità del mio
corpo plasma la mia
mente
                5

e che niente puo' modificare.

4 - TI RINGRAZIO – La gratitudine é l'acqua della vita dell'Universo. La gratitudine mi permette di riconoscere il mio ruolo ed il tuo nel quadro della vita ed accettare che tutto é perfetto, per tutti, sempre. (www.solaris.it)

*

Adesso sappiamo un po' di più sui i nostri bisogni, sappiamo un po' di più sulla nostra coscienza, sappiamo un po' di più sul nostro cuore e sulla nostra anima. Non ci resta che meditare!

Se volete potete esaminarvi con le schede d'introspezione in appendice, se no è lo stesso, possiamo comunque incominciare a "meditare", lo faremo in seguito, verrà spontaneo. La meditazione, infatti, ci renderà una mente lucida e aperta a nuove prospettive di trasformazione e cambiamento.

*

ESERCIZI FISICI E PSICO-SPIRITUALI

I cinque Riti o esercizi tibetani

Per la Buona salute è anche importante il movimento fisico. I cinque esercizi Tibetani (Riti Tibetani) praticati da secoli dai monaci Tibetani, sono senza dubbio eccellenti specialmente e possono essere eseguiti prima della meditazione. Però in questo caso la seduta richiede più tempo e non è consigliabile per tutti.

Per mia esperienza, invece, consiglio di eseguire i 5 esercizi Tibetani al mattino e la seduta di meditazione nel pomeriggio/sera, o viceversa. Oppure, dopo i 5 esercizi, si può fare la meditazione, insieme al rilassamento, nella posizione sdraiata (Savasana) di seguito descritta.

IL PRIMO TIBETANO (La Ruota) - in piedi, con le braccia aperte, palmo delle mani rivolto verso il basso, gambe leggermente divaricate. Concentrazione poco sotto l'ombelico. Sciolti e rilassati, immaginiamo di affondare nel terreno.

Ruotare su se stessi in senso orario (ruotare il braccio sinistro verso destra). Eseguire lentamente per evitare giramenti di testa. Gradualmente aumentare la velocita', sempre con dolcezza, fissando la punta della propria mano per evitare giramenti di testa.

Ricarica il fisico accelerando la velocita' dei vortici.

IL SECONDO TIBETANO (L'Angolo) - posizione sdraiata supina con le braccia distese lungo i fianchi, dita unite.

Sollevare contemporaneamente le gambe fino a raggiungere la verticale tenendo i piedi 'a martello' e testa reclinata sul petto.

Mantenere le spalle, la schiena e il bacino a contatto col terreno.

Respirazione: inspirare mentre si flette ed espirare quando si distende.

Rinvigorisce addominali tonifica genitali e muscoli del collo.

IL TERZO TIBETANO (L'Arco) - mettersi in ginocchio con le mani appoggiate all'attaccatura delle cosce, tenere i piedi con le dita piegate e appoggiate al terreno e la testa piegata in avanti sul petto.

Spingere indietro la testa, le spalle e la schiena. Respirazione: inspirare a bocca aperta quando si inarca ed espirare a bocca chiusa quando si ritorna in posizione

Allevia dolori a schiena e collo apre la respirazione e regolarizza funzionalità' genitali.

IL QUARTO TIBETANO (Il Ponte) - mettersi seduti, distendere le gambe leggermente divaricate, tenendo il busto eretto coi palmi delle mani appoggiati a terra. Piegare le ginocchia, sollevando il bacino piegando la testa all'indietro e portando busto e bacino in posizione parallela al terreno. Respirazione: inspirare a bocca aperta quando si inarca ed espirare a bocca chiusa quando si ritorna in posizione.

Tonifica braccia, gambe, glutei e articolazioni.

IL QUINTO TIBETANO (La Montagna) - sdraiarsi per terra faccia in giù'. Sollevarsi sulle braccia con i palmi a terra con le dita rivolte in avanti mantenere la testa indietro flettere il bacino in basso senza far toccare terra. Spingere sulle braccia flettendo l'addome e bacino verso l'alto, inspirando e ritornare in posizione espirando.

Rinforza i muscoli delle braccia e i pettorali, allunga posteriore delle gambe e della schiena, tonifica addominali e intestinali.

*

Mindfulness (*presenza mentale*) in Savasana

Alla fine di ogni seduta dei 5 esercizi sopra descritti deve sempre seguire il rilassamento con la posizione chiamata Savasana. *La pratica di Savasana è un processo completo di rilassamento, attraverso cui vengono eliminate fatica e tensioni nel corpo e viene dato riposo alla mente.* In sanscrito "sava" significa "avente l'apparenza di un corpo umano morto" e Savasana viene, infatti, chiamata la "posizione del cadavere": ma non dovete impressionarvi per questo nome, il corpo è disteso a terra in posizione supina, completamente abbandonato, senza alcun movimento, ma è più vivo che mai! La **La"Mindfullness"** *(presenza mentale o piena consapevolezza)* questa pratica viene chiamata anche "Bodi scan".

Esecuzione:

Stendetevi sulla schiena:

le gambe leggermente divaricate, le punte dei piedi un po' aperte verso l'esterno;

la colonna vertebrale il meglio possibile aderente al terreno, con la zona lombare e cervicale ben distese;

le braccia ai lati del corpo, i palmi delle mani rivolti verso l'alto, le dita morbide;

gola, lingua, mascella, occhi e fronte rilassati.

Con gli occhi chiusi, ascoltate tutto il vostro corpo risalendo dalle dita dei piedi fino ai capelli:
piedi, polpacci, cosce, glutei, addome, torace, schiena, spalle, braccia, gola e collo, volto e capo.
Se percepite delle zone tese, lasciate che si allentino, favorite mentalmente la loro distensione.
Il vostro corpo pian piano si abbandonerà completamente al terreno.
Se avete la sensazione che persistano delle tensioni, risalite di nuovo mentalmente dai piedi al capo lasciando che le contratture si allentino.
Dopo aver rilassato la muscolatura, portate l'ascolto più in profondità, permettendo agli organi interni di rilassarsi: gli organi dell'addome, del torace, del capo.
Il battito cardiaco diventerà più lento e regolare, così come il vostro respiro.
A questo punto siete pronti per seguire il respiro: ascoltatelo senza influenzarlo volontariamente. Semplicemente percepite all'interno del corpo il leggero movimento della respirazione, lasciandola naturale, così come viene.
Per un po', senza fretta, rimanete in ascolto.
Infine permettete anche alla mente di riposare.
Lasciate vagare liberamente i pensieri, lasciateli scorrere, venire e

andare. Pensieri, immagini e emozioni si presentano e passano: accoglieteli passivamente, come osservandoli dall'esterno, non soffermatevi su niente in particolare.

Sorvegliate di rimanere svegli e coscienti, non cadete nel sonno.

Dopo un po' riportate l'ascolto al respiro, poi a tutto il corpo: percepite il vostro corpo rilassato.

Cominciate poi gradualmente a ridare movimento al corpo, partendo dai piedi e dalle mani, fino a stirarlo tutto attivamente.

Siete pronti per terminare la pratica: aprite gli occhi e portatevi lentamente seduti.

Assaporate gli effetti del rilassamento!

La respirazione profonda

Se ci sentiamo deboli e svogliati possiamo ricaricarci di energia con la *respirazione profonda.*   La respirazione profonda si esegue in quattro tempi e può essere praticata in piedi, seduti o sdraiati.

1) Inspiriamo l'aria attraverso le narici riempiendo la parte inferiore dei polmoni e aprendo il diaframma, gradualmente lasciamo che l'aria gonfi la parte superiore del polmone sollevando lievemente le spalle;

2) facciamo una prima pausa per contenere l'aria alcuni secondi;

3) espiriamo lentamente, il più a lungo possibile, a cominciare dalla parte bassa dell'addome (ce ne accorgiamo perché si affloscia);

4) a questo punto facciamo una seconda pausa prima di ricominciare con la seconda ispirazione.

Un buon momento per fare queste respirazioni profonde è al **mattino**, all'aria aperta, rivolti dalla parte dove sorge il sole (verso est), accompagnando le inspirazioni con pensieri e immagini positive.

- Inspiro pensando o immaginando che la forza, la gioia, l'armonia penetrano dentro di me, andando a nutrire ogni mia cellula.

- Mantengo questo stato per alcuni secondi poi, con l'espirazione, penso e immagino che tutti i pensieri di disagio da cui desidero separarmi lascino ogni mia cellula.

Termino questi respiri (di solito ne faccio tre) piena di gratitudine, circondandomi di una bella cupola di luce bianca dalla testa ai piedi, e pensando che soltanto l'amore e la pace possono penetrare e uscire da questa cupola. In questo stesso momento invio pensieri di armonia alle persone che ne hanno bisogno. *Questo esercizio può essere fatto in qualsiasi istante della giornata:* l'importante è abituarsi a respirare bene sempre.

Gradualmente, aumentiamo la nostra capacità respiratoria in modo automatico. E' opportuno respirare correttamente prima di dedicarci a una mansione fisica (salire una scala, trasportare oggetti pesanti o lottare contro il freddo d'inverno, prima di intraprendere un compito intellettuale, un esame scritto, rilasciare un'intervista, o in qualsiasi situazione che ci faccia paura o sia per noi stressante. *Questa respirazione profonde ci conferiscono calma, energia, forza e benessere.*

*

**Comunicare col nostro inconscio
per cambiare e crescere.**

VALORE: sono sicuro che valgo mille volte di più di quello che penso, (di quello che la mente mi suggerisce: spesso la mente suggerisce menzogne che provengono dai condizionamenti emozioni negative e disturbanti);

QUALITA: sono più bravo, più bello, più gentile, più intelligente, più amabile ecc. di quanto io credo (di quanto la mente mi suggerisce);

STATO D'ANIMO: sono calmo e sereno; *"Chi è lento all'ira vale più del prode guerriero; chi padroneggia se stesso vale più di chi espugna città".* (Prov.Cap. 16:3) – Voglio fare pratica (meditazione) per calmare la mente;

COMPASSIONE: *"così come io desidero la felicità anche tutti gli altri la desiderano", così come io desidero evitare la sofferenza anche tutti gli altri lo desiderano".* Desidero che la mia famiglia, le persone che amo, gli amici e tutti gli esseri viventi possano raggiungere la felicità, e voglio fare di tutto per aiutarli;

GRATITUDINE: sono grato e ringrazio Dio, i miei genitori, Gesù e tutti gli esseri superiori che ci hanno sempre aiutato e vogliono aiutarci ancora oggi, perché vogliono aiutare l'uomo e il mondo;

ACCETTAZIONE: accetto e riconosco me stesso, la mia famiglia, il mio ambiente (sociale, economico, politico) e il mondo intero, così come sono. Senza *giudicare, rifiutare o resistere*, permetto che tutto sia così come è;

ACCETTO le mie SCELTE: ho scelto come ho potuto: lo studio, il lavoro, le compagnie, sono sicuro che le mie attività mi arricchiranno e mi faranno crescere in coscienza e conoscenza;

UN MONDO MIGLIORE: voglio migliorare ogni giorno di più, solo così tutto il mondo sarà migliore.

N.B.: per avere i migliori risultati nella comunicazione con il nostro inconscio è bene farlo durante una seduta di meditazione, dopo esserci rilassati e placato la mente dai troppi pensieri.

ACCETTAZIONE
(Accettare noi stessi)

Accettare noi stessi significa accettare il mondo così com'è, senza opporsi, senza giudicare.

Accettare non significa arrendersi (questa è una reazione dell'ego, che non può capire cosa significa permettere che tutto sia così com'è).

Accettare significa abbandonare le nostre idee e il nostro giudizio sul mondo, su di noi e sugli altri e stare nel *qui ed ora* in *pace.* Dobbiamo accettare la nostra impotenza a non poter cambiare le cose come vogliamo noi, rinunciando così all'idea di onnipotenza dell'ego.

"L'Ego è un insieme di pensieri ed emozioni che per garantire la continuazione della sua esistenza, deve per forza di cose controllare, razionalizzare, capire manipolare ecc...per sopravvivere. L'ego fa il suo dovere e gestisce al meglio che può la nostra vita, finché non ci risvegliamo al nostro Sé (Anima).

L'ego ferisce, umilia, fa soffrire, uccide, controlla, è ossessionato dal potere, è vittimistico, falso, ingordo, freddo e cattivo, perché uno dei suoi scopi è creare il mondo delle polarità, della dualità (il bene e il male, l'attaccamento e l'avversione)".

Meditazione per l'accettazione, e la consapevolezza

- Sto accettando la mia situazione lavorativa e finanziaria in questo momento, oppure giudico, rifiuto, resisto?

- Sto accettando il mio corpo in questo momento oppure lo giudico, rifiuto, resisto?

- Sto accettando mia moglie/partner/figli/genitori in questo momento, oppure giudico, rifiuto, resisto?

- Sto accettando la situazione politica nel mio paese e nel mondo, oppure giudico, rifiuto, resisto?

- Sto accettando le ingiustizie/sofferenze nella mia vita, oppure giudico, rifiuto, resisto?

L'Accettazione è una sconfitta per l'ego, è permettere che tutto fluisca così com'è, è un'esperienza che ci porta nel *qui ed ora,* è una pratica per scoprire l'Essere *(la nostra Anima)* e mettere l'ego al suo posto, nel suo ruolo naturale: un mezzo, un veicolo (non un'identità) per vivere in questa realtà terrena.

*

Meditazione attraverso domande non duali:

*- Ma chi è quello che cerca di scoprire quel silenzio? Io l'ego
o che cosa?*

*- Cos'è quello che vuole scoprire, trovare, cambiare? Se non
sono io, che cosa sono?*

Queste domande non duali ci aiutano ad accedere all'esperienza diretta del Sè (Anima) e del permettere e accettare che tutto sia
così com'è.

*

LA GRATITUDINE

(IL grande antidoto contro l'ansia e la depressione)

La Gratitudine è ringraziare, accettare, apprezzare (con il cuore): ringraziare è essere grati, al Cielo, per tutto quello che abbiamo, che facciamo, per quello che ci è capitato, di bello e di brutto (di bene e di male) nella vita. Sapendo che non c'è cosa alcuna dalla quale non possiamo fare esperienza, imperare e crescere; assai o poco, da ogni esperienza possiamo imparare qualche cosa per cui alla fine saremo spiritualmente più ricchi di prima.

Ma come è possibile, che una persona che ha un sacco di guai (materiali, fisici, psichici), che è scoraggiata, angosciata, depressa, possa esprimere gratitudine con il cuore ed essere grato al cielo!? Per questo bisogna prima conoscere un segreto molto semplice: bisogna sapere, quale è lo scopo della vita – perché siamo venuti in questo mondo!? - Tutte le tradizione spirituali e religiose lo dicono: siamo venuti in questo mondo per fare esperienza, crescere spiritualmente e poi tornare al Padre.

Questo si può esplicitare in tre punti principali:

- fare esperienza per imparare, evolvere e crescere spiritualmente;

- sviluppare le nostre facoltà fisiche e mentali: intuito, intelligenza, consapevolezza, compassione;
- il terzo punto ci viene dalla tradizione orientale, pagare i nostri debiti (errori commessi nella vita passata e di quella presente) siano essi errori volontari o involontari, che sono: *disarmonie vibratorie-energetiche che devono essere riequilibrate.*

Una volta saputo lo scopo della nostra vita in questo mondo, consapevoli di come stanno le cose, acquisiremo la conoscenza, la benedizione e la Virtù:

- di vivere senza paura e senza angoscia (in particolare della morte);
- di vivere senza colpevolezza (senza sentirci in colpa, ne colpevolizzare nessuno) senza giudicare;
- di superare l'egoismo umano, sapendo che il mondo è più grande di quello che pensiamo e che al mondo non siamo soli, ma che ci sono esseri superiori che ci amano e ci vogliono aiutare. *(Conferenza di Peter Roche de Coppens)*

Ma come fare per sentire nel cuore la gratitudine quando siamo confusi dalla sofferenza? Ancora una volta ci viene in aiuto la tradizione: bisogna avere una mente calma e pulita per questo ci è stata insegnata la preghiera o meditazione (la corretta preghiera è meditazione e la corretta meditazione è preghiera).

Calmata la mente, e purificata dai pensieri, saremo in grado e capaci di esprimere la nostra **gratitudine con il cuore e con l'anima,** (non solo con la mente) e **guarire** immediatamente dal nostro scoraggiamento, dalla nostra angoscia, dalla nostra depressione.

Preghiera di gratitudine

- Ti ringrazio Padre celeste e ti sono *grato dal profondo del cuore* per tutte le esperienze belle e brutte, buone e cattive, dalle quali ho potuto imparare e crescere;
- Ti ringrazio perché mi hai dato la possibilità di sviluppare le mie facoltà fisiche e mentali, l'intuito, la consapevolezza, la compassione;
- Ti ringrazio perché mi hai dato la possibilità di pagare i miei debiti, i miei errori, e posso in questa vita *riequilibrare le disarmonie vibratorie-energetiche* che ho causato nel passato;
- Grazie Padre, Spirito di Dio, perché sapendo come stanno le cose, conoscendo perché sono qui, conoscendo lo scopo della mia vita, posso vivere senza paura e senza angoscia, e senza paura della morte;

- Grazie perché posso vivere senza colpevolezza ne colpe-volizzare il mio prossimo (senza giudizio);
- Ti ringrazio per Gesù Cristo e per tutti gli esseri superiori che ci amano e ci vogliono aiutare. Amen!

*

"...*l'apprezzamento, la lode, la gratitudine* hanno un potere che si potrebbe chiamare *magico*: aprono le vie, dissolvono osta-coli, attirano il bene. Creano in noi un'armonia, una serenità, una pace profonda che nulla può turbare, in cui l'anima cresce come il sacro fiore sulle acque tranquille." (Lo sviluppo transpersonale – Roberto Assagioli).

*

UALCHE CONCLUSIONE

Nonostante le scoperte scientifiche in medicina, le cure, il benessere, che hanno portato all'aumento della longevità degli esseri umani, purtroppo, quasi nessuno gode di Buona Salute *(fisica, mentale e spirituale)* al cento per cento. Questo lo sappiamo perché tutti non solo si preoccupano di curarsi al minimo accenno di malessere, ma anche a prevenire le malattie con pratiche salutistiche di ogni tipo, nonché con pratiche spiritualistiche alla moda. Ma perché ci teniamo tanto alla nostra buona salute? E, cosa faremo della nostra Buona Salute tanto agognata? A cosa ci serve?

Rispondere alla prima domanda è molto semplice: è ovvio che tutti noi desideriamo evitare la sofferenza e prolungare la vita il più possibile. E' invece più difficile rispondere alla seconda domanda. Cosa faremo della piena Buona Salute tanto agognata, a cosa ci serve? - Per goderci di più la vita: mangiare di più? Fare più sesso? Fare più soldi? Conquistare più potere? Avere più cose? Più divertimenti? Ecc.. ecc.. Ma questo di più e di più non ci porterebbe a stare male di nuovo!? E allora per che cosa sarebbe meglio cercare di stare in Buona Salute? E quale tipo di salute è più importante?

Non ci sono dubbi, è la Buona Salute spirituale quella più importante: è la Salute Spirituale che determina la buona salute mentale e intellettuale; ed è la buona salute mentale a determinare la buona salute fisica e non viceversa.

Infatti, la buona salute fisica non sempre porta al bene: a pensare bene, a comportarsi bene, a vivere bene. Mentre la salute spirituale porta sempre a pensare bene, a comportarsi bene, a vivere bene. Per questo la meditazione è un cammino spirituale di consapevolezza per vivere bene ed essere felici.

La vera felicità non è quindi possedere beni materiali, ma ricchezze spirituali. Sia Gesù Cristo che il Buddha insegnano come acquisire la virtù e comportarsi bene.

Il Buddha (l'illuminato) insegna a comportarsi bene per essere felici:

- *Per comportarsi bene con se stessi e con gli altri bisogna pensare bene;*
- *Per pensare bene bisogna avere una mente calma e pulita;*
- *Per avere una mente calma e pulita bisogna essere consapevoli di cosa si sta pensando, cosa si sta dicendo, cosa si sta facendo.*

<u>Solo cosi si riesce a controllare le passioni, le abitudini e anziché essere dominati e travolti da esse.</u>

- *Puoi vincere la rabbia lasciandola andare;*
- *Puoi vincere il male comportandoti bene;*
- *Puoi vincere la grettezza con la generosità;*
- *Puoi vincere la menzogna dicendo la verità;*
- *Puoi vincere la pigrizia con l'agire;*

- *E' piacevole comportarsi bene per tutta la vita, è piacevole nutrire una grande fiducia, vedere le cose così come sono, e ti piace NON comportarti male.*

- *Il bene più importante è la salute;*
- *La ricchezza più preziosa è l'accontentarsi;*
- *L'amico più caro è la fede;*
- *La felicità più grande è la liberazione (salvezza).*

(Il Dhammapada – F. Rondolino 2008)

*

Gesù, il Cristo (l'incarnazione divina), nel discorso della montagna, insegna chi sono i beati (felici). Essi sono:

- *I poveri in spirito,*
- *Quelli che fanno cordoglio,*
- *I mansueti,*
- *Gli affamati e assetati della giustizia* (quelli che desiderano fortemente agire nel modo giusto),
- *I misericordiosi,*
- *I puri di cuore,*
- *Quelli che si adoperano per la pace.*

Continuando, Gesù insegna ancora in Mat. Cap. 5 e 6 come comportarsi in modo pratico e perfetto rispetto ai comandamenti, o alla legge, dell'antico testamento.

In modo particolare Gesù insegna a non essere *ansiosi*:

"Perciò vi dico: Non siate con ansietà solleciti per la vita vostra, di quel che mangerete o di quel che berrete; né per il vostro corpo, di che vi vestirete". "Non è il corpo più importante dei vestiti!?, E la vita più importante del nutrimento!?"(Mat. 6/25).

98

"Venite a me voi tutti che siete travagliati ed aggravati, ed io vi darò riposo; "Prendete su voi il mio giogo e imparate da me, perché io sono mansueto ed umile di cuore; e voi troverete riposo per le anime vostre, perché il mio giogo e <u>DOLCE</u> ed il mio carico è <u>LEGGERO!</u>"
(Mat. 11/28-30)

<u>Buona salute a tutti!</u>

LE SCHEDE
(di auto-introspezione)

*

Per essere consapevoli di noi stessi nei tre livelli dell'essere, e del nostro stato di salute Fisica, Mentale e Spirituale. Con la consapevolezza inizia la trasformazione e la guarigione.

*
—

1/A – valutazione della nostra Buona salute;
1/B – valutazione della nostra Cattiva salute;
2 – valutazione del nostro stato di Coscienza;
3 – valutazione della soddisfazione dei Bisogni;
4 – il nostro stato Morale e/o Spirituale.

Scheda introspezione n. 1/A
(il nostro **BUONO** stato di salute)

Piani o livelli	Manifestazione della buona salute:	Il mio stato di buona salute
A livello fisico	Forza fisica, coordinazione e capacità nel lavoro senza sofferenza	
A livello emotivo	Coraggio, andare incontro alle sfide di ogni giorno, affrontare tutte le situazioni, buone o cattive senza perdere il nostro controllo	
A livello mentale	Chiara percezione e comprensione di ciò che succede nel mondo e in noi stessi	
A livello spirituale	Intuizione, ispirazione e discernimento. Conoscere e accettare la "volontà di Dio"	

Scheda introspezione n. 1/B
(il nostro **CATTIVO** stato di salute)

PIANI O LIVELLI	Manifestazione della cattiva salute:	IL MIO STATO DI CATTIVA SALUTE
A livello fisico	Debolezza, perdita di energia, disfunzione, tensione, blocchi, dolori, sofferenza nel lavoro	
A livello emotivo	Paura, ansia, tensione, livello dell'umore basso, poca autostima, voglia di evadere, evitare di affrontare le sfide e le situazioni, perdita di controllo.	
A livello mentale	Confusione, visione buia e confusa della realtà, indecisione e/o decisioni sbagliate	

A livello spirituale	Separazione dal nostro Sé, dalla nostra intuizione, ispirazione, discernimento. Mancanza d'amore, di saggezza e di fede.	

Scheda introspezione n. 2
(il nostro stato di Coscienza)

Quali sono le mie maggiori *sensazioni, (impulsi, emozioni o sentimenti immagini o simboli, idee o pensieri, intuizioni, volontà/desideri)* presenti in questo momento e/o periodo della mia vita?
(se vuoi puoi giustificare il motivo)

Le mie maggiori *sensazioni:*

Vedere	
Udire	
Gustare	
Odorare	
Toccare	

I miei maggiori *impulsi:*

Fame	
Sete	
Fatica	

Desiderio sessuale	
Ira, aggressività	

Le mie maggiori *emozioni o sentimenti:*

Gioia	
Tristezza	
Amore	
Paura	
Eccitazione	
Depressione	

Le mie maggiori *immagini o simboli:*

Naturali	
Umani	

Spirituali	

Le mie maggiori *idee o pensieri*?

Del passato	
Del presente	
Del futuro	

Le mie maggiori *intuizioni* ?

Spirituale	
Mentale	
Fisica	

Le mie maggiori *volontà e/o desideri* ?

Oggetti fisici	

Oggetti emotivi	
Oggetti mentali	
Oggetti spirituali	

<u>Scheda introspezione n. 3 : i BISOGNI</u>
(la soddisfazione dei nostri bisogni)

Nella scheda sottostante ho aggiunto altri due livelli (Crescita spirituale e Conoscenza del Se) perché secondo le tradizioni religiose-Spirituali mancavano nella piramide dei bisogni di Maslow.

<u>BISOGNI</u>	**<u>Descrizione</u>**	**<u>Grado di soddisfazione-autorealizzazione (scrivere cosa vi manca, partendo dal basso)</u>**
Conoscenza del Sé Trascendenza	Meditazione – Estasi - Unione con la Coscienza cosmica – unione con lo Spirito (unione con Dio)	

Crescita spirituale	Religiosità - Spiritualità – preghiera - yoga – auto conoscenza - pace interiore	
Autorealizzazione	Moralità – creatività – spontaneità – risoluzione dei problemi – accettazione – assenza di pregiudizi -	
Stima	Autostima, essere rispettato, approvato, riconosciuto – realizzazione – rispetto reciproco	
Appartenenza	Amicizia – affetto familiare – intimità sessuale.	

Sicurezza	Sicurezza fisica – occupazione – morale – familiare – salute - proprietà	
Fisiologia Sopravvivenza	Respiro – alimentazione – sesso – sonno – omeostasi (termoregolazione)	

Scheda introspezione n. 4 : La nostra Anima
(il nostro stato Morale e Spirituale)

Siamo devoti a Dio, a Gesù, a qualche Santo o maestro?	
Amiamo il nostro prossimo come noi stessi?	
Abbiamo arrecato danno a qualcuno, materiale o verbale, anche a sua insaputa?	
Abbiamo detto bugie?	
Abbiamo rubato?	

Abbiamo desiderato la roba degli altri, i beni, la moglie ecc..?	
Abbiamo accettato doni per i quali siamo obbligati o andando contro le leggi?	
Abbiamo cura del nostro corpo e della nostra mente?	
Siamo disciplinati?	
Siamo contenti in ogni circostanza?	

*

Rispondendo alle suddette domande sarà difficile o quasi impossibile che ci troviamo ai livelli alti nella realizzazione dei nostri bisogni etici e spirituali, e neanche perfetti nell'osservanza dei suddetti precetti morali, ma non dobbiamo disperare, con la pratica spirituale (*devozione, preghiera, e meditazione*) possiamo risolvere molti dei nostri comportamenti dannosi per la nostra Buona Salute.

*

"*Avendo cura di te stesso, ti prendi cura delle persone che ami. Se non hai cura di te, non sei felice, non sei in pace, non puoi rendere felice nessuno, non puoi amare*". *[Thich Nhat Hanh]*

*

AUGURI!

Bibliografia e ricerca
Titoli:

La scienza sacra – Sri Yukteswar
La Bhagavad Gita
La Bibbia
Internet: – ANSA, You Tube, Siti vari –
How to meditate (you tube) – D. Chopra
Con passione e leggerezza – Mauro Scardovelli
Calma empatia e visione profonda – Y. M. Rinpoche
Autobiografia di uno Yogi – Paramansa Yogananda
Filocalia I – G. Vannucci
Il segreto dell'universo – F. Coppola
Vivere sani in un mondo malato – P. R. de Coppens
I cinque tibetani – Ed. Giunti Demetra
Il Dhammapada – F. Rondolino
Racconti di un pellegrino russo.

SCEGLIERE

LA BUONA SALUTE

(Fisica – Mentale – Spirituale)

libero ricercatore

pasquale pulitanò

Questo non è un libro per la guarigione delle malattie fisiche, ma piuttosto un manuale per la guarigione spirituale.

L'autore mette in evidenza, in maniera semplice e sintetica, le antiche rivelazioni sapienziali, nonchè le ricerche scientifiche moderne sui benefici che le pratiche spirituali comportano a livello mentale e fisico per chi le pratica.

Avendo per lungo tempo studiato e fatto esperienza, l'autore desidera fare conoscere ad altri la ricchezza e la bellezza che si cela dietro le grandi e autentiche religioni, la cui grande opera era ed è quella della guarigione olistica e del risveglio spirituale o illuminazione, che significa anche salvezza.

"Anche una minuscola parte di questo dharma (pratica spirituale) protegge l'uomo dalla grande paura"

(La Bhagavad Gita", *Vers.40).*

"...Imparate da me, perche io sono mansueto e umile di cuore, e voi troverete riposo alle Anime vostre, perché il mio giogo e DOLCE e il mio carico è LEGGERO! "

(Vangelo di Gesù , Matt. 11/28-30)

OWN – EDIT. 2015